Haseldorfer und Wedeler Marsch

Dieses Buch verdankt seine Entstehung
einer Initiative des Naturphotographen
GERHARD SCHWEIGARDT,
der sich seit Jahrzehnten für die Erhaltung
der Haseldorfer und Wedeler
Marsch engagiert.

Glindhoff
Unter
Ober
Glinde
Haselauer
Moor
Jagdhaus
Holm
Holmer-Sandberge
Katharinenhof
431
Schule
Schule
WEDEL
Bad
Anlegestelle

Günther Helm

Haseldorfer und Wedeler Marsch

Christians

CIP Kurztitelaufnahme der Deutschen Bibliothek

Haseldorfer und Wedeler Marsch / Günther Helm. –
Hamburg: Christians, 1986.
(Land hinterm Deich)
ISBN 3-7672-0936-5

NE: Helm, Günther [Hrsg.]

Gestaltung Claus Harcken, Hamburg
Herstellung Christians Druckerei
ISBN 3-7672-0936-5
Printed in Germany

Inhalt

VORWORT

Wer Umweltprobleme einschließlich ihrer Entstehungsgeschichte unmittelbar erfassen möchte und das Ringen um ihre Verhinderung nachvollziehen will, um daraus zu lernen, wer das Aufbauen neuer Konzepte am Beispiel eines großen Landschaftsbereiches in allgemein verständlichen und lebendigen Worten erfahren möchte, der mag dieses Buch von Günther Helm aufmerksam lesen.

Der Ärger und manche Erschütterung, die beim Leser während der Lektüre des Buches entstehen, werden durch die Ehrlichkeit, mit der es geschrieben ist, gleich wieder ein wenig gemildert. Das Aufbauende an diesem Buch ist, daß ein Kenner dieser Region neben seinem Wissen zugleich mit großer eigener Erlebnisfähigkeit berichtet und zudem seine Schilderungen mit genauen Daten, Zahlen und Personenbeschreibungen versieht. Es sind Kenndaten, die die Konflikte in diesem Bereich quantitativ und qualitativ aufzeigen und zusammen damit auch den Einsatz vieler haupt- und ehrenamtlicher Umweltschützer näher beschreiben helfen. Die bei diesen Aktivitäten entstandenen

Schwierigkeiten und ihre meist durch Kompromisse gefundenen Lösungen werden anschaulich geschildert.

Das Buch stellt die letzten Jahre der Entwicklung dieser Elbregion in genauen Einzelheiten dar und gibt außerdem einen allgemeinen Überblick über die Landschaftsgeschichte des Gebietes. Der Leser bekommt das Besondere der Elbmarschen mit ihrer Flora und Fauna einprägsam vermittelt. Ihm wird bewußt, daß das immer wieder genannte Schrumpfen des Artenbestandes in diesem Lebensraum zu einer drastischen Einschränkung der Vielfalt der gesamten Landschaft und ihres Erscheinungsbildes führt.

Welchen Eingriffen diese Landschaft bei Haseldorf und Wedel unterworfen ist, worauf diese Veränderungen im einzelnen zurückzuführen sind, das weist Günther Helm insbesondere an der Vogelwelt nach.

Die genaue Kenntnis der Vogelfauna dieses Gebietes, ihrer ökologischen Ansprüche, ihrer Schutzbedürftigkeit und ihrer Reaktion auf Änderungen des Lebensraumes ergeben Grund und Hintergrund genug, um diese Gruppe als ökologischen Indikator zu verwenden. Gerade der Nichtbiologe kann am Beispiel der Vögel die Veränderungen und Belastungen der Natur gut nachvollziehen. Er erfährt aufgrund von Anwesenheit oder Abwesenheit von bestimmten Tieren und Pflanzen oft mehr über den Zustand der Landschaft, als ihm komplizierte Einzelbefunde im Rahmen chemischer und physikalischer Untersuchungen vermitteln könnten.

Das Buch macht interessierten Bürgern verständlich, wie sehr manche wirtschaftlichen Entscheidungen nur einen sehr kurzfristigen ökonomischen Sinn ergeben. Es zeigt deutlich, wie der gravierendste Eingriff in diese Landschaft, die Eindeichung der Haseldorfer und Wedeler Marsch, den Raum verändert hat. Der Deich wurde trotz der Proteste von Ökologen und Naturschützern viel zu dicht an den Strom gelegt. Heute, erst wenige Jahre nach der Eindeichung, überlegt man, wie solche Gebiete, die durch Eindeichung gerade im Hinblick auf ihre landwirtschaftliche Produktionskraft gewonnen haben, durch Entschädigung der Landwirte wieder aus der intensiven Nutzung herausgenommen werden können. Wie leicht wäre es gewesen, den Deich weiter von der Elbe entfernt zu bauen und die Außendeichlandschaft der Natur zu überlassen.

Jetzt hat das Gebiet noch zahlreiche Folgelasten zu verkraften, wie Angeln, Jagen, Wassersport und weitere Formen der Naherholung. Erst wenn der Bürger in der Lage ist, seine direkte oder indirekte Naturbeanspruchung durch persönlichen Entscheid zurückzunehmen, kann er zu einer sinnvollen Partnerschaft mit der Natur kommen, die Fauna und Flora schont.

Günther Helm weist für das Erleben der Marsch neue Wege. Er hat dem Band ein besonderes Kapitel angefügt, in dem er aufzeigt, auf welchen Wegen die Natur ohne Störungen mit allen Sinnen wahrgenommen werden kann.

Nach der Lektüre dieses Buches wird der Wanderer die Marschlandschaft vielleicht mit anderen Augen sehen und erkennen, daß die zerstörende Inanspruchnahme der letzten Refugien der Tier- und Pflanzenwelt umgehend gestoppt werden muß.

Der Mensch ist aufgerufen, seine ökonomischen und ökologischen Probleme anders zu lösen als noch vor einigen Jahren. Daß dies gelingen kann, zeigen Programme und Konzepte in einigen öffentlichen Entscheidungsbereichen, die den Umweltansprüchen größere Bedeutung beimessen als bisher. Diese neuen Wege müssen schnell beschritten werden.

Möge dieses Buch dazu beitragen, einer breiten Leserschaft die dafür notwendigen Erkenntnisse zu vermitteln und entsprechende Aktivitäten auszulösen.

Prof. Dr. Berndt Heydemann
Universität Kiel

Priele und Gräben; saftige Wiesen und Weiden mit Kühen und Pferden, dazu der Ruf der Vögel – das ist die Haseldorfer und Wedeler Marsch.

Die Artenzahl ist die Maßeinheit der Lebensräume. Hier eine Hummel und eine Schwebfliege beim Bestäuben einer Distel.

Zwergschwäne, Gäste aus dem fernen Sibirien, kommen alljährlich zur Zwischenrast an die Elbe, um neue Fettreserven zu sammeln.

Ein Haubentaucher, der die Kleientnahmestelle hinter dem Deich als Brutplatz gewählt hat.

Bis zu 30% des Weltbestandes des Zwergschwans halten sich zur Zugzeit an der Niederelbe auf. Auf schleswig-holsteinischer Seite ist der Twielenflether Sand der bevorzugte Rastplatz.

Der weiße Leuchtturm Twielenflether Sand und eine rote Leuchttonne – zwei der zahlreichen Seezeichen des Großschiffahrtswegs Elbe.

HAMBURG-HARWICH

In der Haseldorfer und Wedeler Marsch liegt das bedeutendste Schachblumenvorkommen Schleswig-Holsteins.

Einer, der die Wedeler Marsch am besten kannte, war Hermann Kroll (Bild Mitte), nach dem die naturkundliche Beobachtungs- und Informationsstation beim Fährmannssand benannt wurde.

Durch vielfache Verlagerung des Strombettes entstand eine urtümliche amphibische Landschaft.

Ein erdgeschichtlicher Überblick

von Horst Buchholz

Das Urstromtal der Elbe ist aus erdgeschichtlicher Sicht sehr jung. Die norddeutsche Tiefebene verdankt ihre Oberflächengestaltung und Bodenbildung den Kräften des Eiszeitalters. Dabei handelte es sich nicht um einen ununterbrochenen Ablauf der Vereisung; dieser Zeitraum wurde durch mehrere Warmzeiten – die Interglaziale – unterbrochen, in denen das Eis abschmolz. Die Warm- als auch die Kaltzeiten waren extreme Klimaperioden, die im gesamten Quartiär nur relativ kurze Zeiträume einnahmen. Die längeren Übergangszeiten waren kalt, trotzdem kam es in Nordwesteuropa zu keinen nennenswerten Vereisungen.

Am Ende der Tertiärzeit war das Gebiet Festland geworden. Das subtropische Klima dieser Zeit ging allmählich in ein gemäßigtes über; die Gründe für diese Klimaverschlechterung kennen wir nicht. Durch einen weiteren Temperaturrückgang fiel der Niederschlag in Folge ständiger Abkühlung zuletzt nur noch als Schnee. Der Sonne gelang lediglich ein geringes Abtauen, so wuchs die Schneedecke immer höher, und unter dem Eigendruck verdichtete sie sich zu Eis. Als die Eiskappe über den skandinavischen Gebirgen immer mächtiger wurde, begann des Eis unter dem ungeheuren Druck elastisch zu werden und zu fließen; als diese Gletscher bis Norddeutschland vorstießen, betrugen die Eismächtigkeiten in Skandinavien 2000 bis 3000 Meter. Bis an den Rand der heutigen Mittelgebirge schob sich der Eisschild. Diese Elster-Kaltzeit begann vor etwa einer halben Million Jahren und wurde vor etwa 300 000 Jahren von der Holstein-Warmzeit abgelöst. In einem Eichenmischwald, durchsetzt mit Fichten und Kiefern, lebten in einem wärmeren Klima als heute Elefanten, Nashörner, Riesenhirsche, Wasserbüffel und Frühmenschen (Formen der Art Homo erectus).

Vor etwa 230 000 Jahren setzte die zweite Vereisung Norddeutschlands ein. In unserem Raum hat die Saale-Kaltzeit die größte Ausbreitung gehabt und war als Hauptvereisung für die Bodenbildung und Landschaftsgestaltung bestimmend. Die Harburger Berge entstanden überwiegend aus Schmelzwasseraufschüttungen in dieser Zeit, die Blankeneser Berge dagegen sind eine Stauchmoräne. Den Schmelzwassern der ausgehenden Saale-Vereisung diente der Raum zwischen den Harburger- und Blankeneser Höhen bereits als erste Abflußbahn. Es folgte vor etwa 150 000 Jahren eine weitere Warmzeit, im Eem-Interglazial jagten in einer der heutigen Holsteinischen Seenlandschaft gleichenden Umwelt Altmenschen (frühe Formen der Art Homo sapiens, u.a. der Neandertaler) Waldelefant und Nashorn. Die Dauer dieser sehr warmen Zeit betrug jedoch nur etwa 10 000 Jahre. Die Übergangszeit danach bis zur Weichseleiszeit war kalt, aber ohne Vereisungen. Eine Ausgrabung bei Salzgitter-Lebenstedt, deren

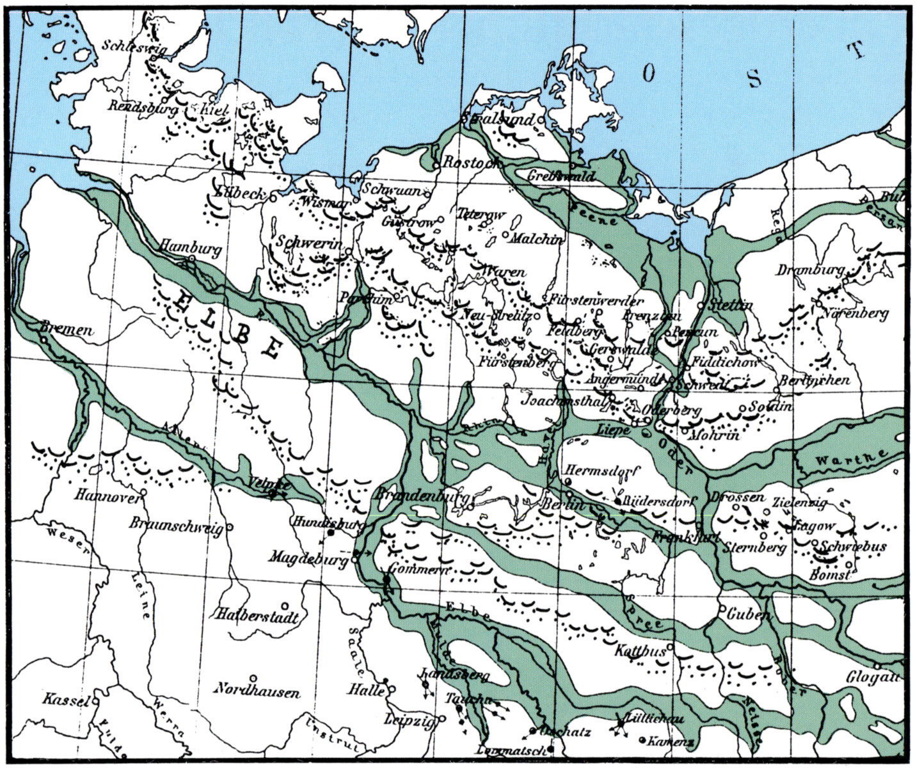

Karte der norddeutschen Urstromtäler mit den wichtigsten Endmoränenzügen.

Alter auf 50 000 Jahre datiert wird, beweist, daß der Neandertaler in dieser kälteren Zeit nun das Mammut jagen mußte. Charakteristisch bearbeitete Steinwerkzeuge, die in den Geschieben der Eiszeiten gefunden wurden, belegen das Vorhandensein von Früh- und Altmenschen für den nordeuropäischen Raum. Leider läßt sich nicht feststellen, wie weit Gletscher die Werkzeuge vom Ort des Entstehens getragen haben.

Eine erneute Klimaverschlechterung leitete die Weichselvereisung ein. Diese begann vor etwa 25 000 Jahren und endete vor etwa 15 000 Jahren. Ein letztes Mal schoben sich Gletscher nach Norddeutschland vor, bedeckten aber nur den östlichen Teil. Im gesamten norddeutschen Raum blieb jedoch der Boden fast das ganze Jahr hindurch gefroren; nur in den Sommermonaten taute die Oberfläche auf. In jedem Frühling allerdings flossen riesige Schmelzwassermengen vom Gletscher nach Süden ab. Diese Wassermassen aus dem östlichen Teil Deutschlands und Polens vereinigten sich zu einem gewaltigen Strom; die in nordwestlicher Richtung fließende »Ur-Elbe« erweiterte auf ihrem Weg ins Meer die aus der Saale-Kaltzeit vorhandene Talung. Der Meeresspiegel war während der letzten Eiszeit gegenüber heute um mehr als 100 m abgesenkt, und so dauerte es Jahrtausende, bis das 8 bis 12 Kilometer breite Urstromtal herausgewaschen war.

Das Schelf- und Wattengebiet zwischen England und Schleswig-Holstein war seinerzeit noch festes Land; es wurde lediglich durch die Ur-Elbe getrennt, die damals erst in Höhe der Doggerbank in die Nordsee mündete. Nach Abschmelzen des Eises versiegte der Zufluß langsam und damit auch die ausspülende Wirkung der Schmelzwasser. Über den groben Kiesen aus Zeiten der Frühjahrsschmelzen setzte sich daher Sand ab. Vor rund 15 000 Jahren stieg der Meeresspiegel durch das Abschmelzen der Gletscher an; dies bewirkte ein höheres Anstauen des Grundwassers auch im Elbtal und ermöglichte die Bildung von Mooren. In dieser jüngsten Phase der Erdgeschichte begann sich die baumfreie Tundra zu bilden, später folgten Birke und Kiefer. Aus dieser Zeit gibt es auch nördlich der Elbe in ungestörten – also nicht mehr von Gletschern verschobenen – Erdschichten Funde von Rentierjägern, die bereits eindeutig dem

Im täglichen Gezeitenrhythmus versorgen Priele das Feuchtgebiet mit Wasser. Vereister Priel auf dem Twielenflether Sand.

heutigen Neumenschen der Art Homo sapiens sapiens zugerechnet werden. Die Moorbildung vollzog sich etwa in der Zeit vor 10 000 bis 7500 Jahren. Als Folge des zunehmend stärker angestiegenen Meeresspiegels drang die Nordsee wahrscheinlich vor etwa 6 000 Jahren zum ersten Male in das breite Elb-Urstromtal vor und lagerte über den Torfen der Moore eine tonige Meeresschicht ab. Auf dem Lande hatte sich ein Laubwald gebildet, in dem Eichen, Linden und Ulmen vorherrschten; Wisent, Aurochse, Elch, Wildpferd, Rothirsch und Reh lebten in dieser Landschaft. Der Mensch wandelte sich nun vom Jäger und Sammler zum Ackerbauer.

In der Zeit von 3000 bis Christi Geburt verlangsamte sich der Meeresspiegelanstieg beträchtlich, da inzwischen die großen Eisschilde abgeschmolzen waren. In dieser Nacheiszeit, dem Alluvium, setzte die Nordsee herbeigefrachtete Sandmassen im Elbmündungsgebiet ab. Zuletzt schwemmte sie den fruchtbaren Wattenschlick – Klei genannt – auf. Um Christi Geburt trat

Die Höfe wurden lange vor den ersten Deichen errichtet und daher auf hohen sturmflutsicheren Hügeln, den sogenannten Warften, gebaut.

Vor der Eindeichung sorgten regelmäßig winterliche Überschwemmungen für eine natürliche Düngung der Feuchtwiesen.

eine kleine Senkung des Meeresspiegels ein und ließ die Watten trockenfallen. Die Watten begrünten sich, und auf dieser Marsch konnten die Menschen ohne jeden Schutz vor den Fluten siedeln.

Der ursprüngliche Bewuchs der Elbmarsch bestand aus Erlenbruch- und Auewald, der von den Siedlern gerodet wurde, um Platz für Wiesen und Weiden zu schaffen. Wo der menschliche Einfluß aufhört, bildet sich auch heute noch ein neuer feuchter Wald.

Einige Jahrhunderte später nahmen die großen Sturmfluten an Häufigkeit zu, gleichzeitig »senkte« sich die Marsch durch Setzung des weichen Untergrundes (Klei, Torf). Deshalb mußten die Menschen ihre Häuser auf flache Hügel – die Warften – bauen. Diese Warften mußten immer mehr aufgehöht werden, da die »alte« Marsch vom Meer periodisch überschwemmt und von der sich absetzenden »jungen« Marsch überdeckt wurde.

Vor ungefähr 800 Jahren errichteten die Bewohner der Marsch zum Schutze ihres Weidelandes die ersten Deiche. Es wurden auch erste Entwässerungs-Systeme gebaut, die im Schutze der Deiche einen Getreideanbau ermöglichten. Seit dieser Zeit müssen die Deiche – wie seinerzeit die Warften – unentwegt verstärkt und erhöht werden, weil die Sturmfluten der letzten Jahrhunderte dies erfordern. Besonders die beiden letzten Flutkatastrophen von 1962 und 1976 haben dem Menschen wieder einmal die Urgewalt des Wassers deutlich vor Augen geführt.

Aus der Vogelperspektive wirkt das Fährmannssander Elbwatt wie eine exotische Südseelandschaft.

Ein Feuchtgebiet von internationaler Bedeutung: Die Haseldorfer und Wedeler Marsch

Unmittelbar vor den Toren der Hansestadt Hamburg, noch mit der S-Bahn gut erreichbar, erstreckt sich entlang der Elbe eine ausgedehnte Flußmarschenlandschaft, die schon die Nähe der Nordsee erahnen läßt.

Beginnend im Stadtrandbereich Wedels an der Wedeler Au zieht sich die Grünlandzone bis hin zur Pinnaumündung. Begrenzt wird das Gebiet durch den Elbestrom und landseitig durch den Geestrand zwischen Wedel und Holm sowie durch den sich hier anschließenden Altdeich, der über Hetlingen und Haseldorf bis zur Pinnau führt.

Obwohl die Marsch eine vom Menschen geprägte Kulturlandschaft ist, hat sie sich doch etwas Urprüngliches bewahrt. Das liegt wohl daran, daß hier im Stromspaltungsgebiet der Elbe das Regiment des Wassers noch prägend ist. Durch die ständige Verlagerung des Strombettes wurden viele Nebenarme, Altwässer und Priele geschaffen, die eine natürliche Gliederung des Raumes bewirken. Durch ständige Sedimentation bilden sich ausgedehnte Watten und Sände, die sich der menschlichen Nutzung weitgehend entziehen. An den Ufern des ausgedehnten Prielsystems, besonders im Zentralbereich der Haseldorfer Binnenelbe, finden sich dichte Weidenbestände, die noch an die ursprüngliche Auenwaldlandschaft erinnern. Einige baumumkränzte Warfthöfe und Alleen begrenzen hier und dort den Blick und tragen auf ihre Weise zur Vielgestaltigkeit der Landschaft bei.

Dieses Feuchtgebiet war schon seit langer Zeit bei den Hamburger Ornithologen bekannt und galt als Geheimtip. Wochenende für Wochenende zogen sie hinaus; denn es gab neben manchen Raritäten meist eindrucksvolle Zahlen an Watt- und Wasservögeln zu beobachten.

Zur Zugzeit, besonders in den Herbstmonaten, rasten hier große Mengen an Enten, Gänsen, Schwänen, Sägern, Möwen, Regenpfeifern und Schnepfenvögeln. Allein die Krickente wurde hier schon in Stückzahlen von über 10 000 Exemplaren nachgewiesen, was das vorgelagerte Schlickwatt für diese Art neben dem Dollart an der Emsmündung als zweitgrößten Rastplatz in der Bundesrepublik ausweist. Auch im Frühling gibt es auf den ausgedehnten Weiden und Wiesen viel zu beobachten. Hier brüten zahlreiche Kiebitze, Bekassinen, Rotschenkel, Uferschnepfen, Kampfläufer und Knäkenten, um nur einige zu nennen. Insgesamt wurden hier 269 Vogelarten nachgewiesen, darunter 83, die auf der Roten Liste der in der Bundesrepublik gefährdeten Vogelarten stehen. 28 der Rote-Liste-Arten konnten hier sogar als Brutvögel festgestellt werden.

Diese Faktoren unterstreichen die hervorragende Rolle der Haseldorfer-Wedeler Marsch als Rast-, Nahrungs- und Lebensraum für die Vogelwelt. Diese Bedeutung war nicht nur den Hamburger Ornithologen bekannt, sondern vielen Fachleuten im In- und Ausland. Manche Naturfreunde kamen von weit her, um dieses Feuchtgebiet kennenzulernen und sich an den zahlreichen Vogelarten zu erfreuen, die meist ebenfalls von weit her angereist waren.

In Fachkreisen war man daher nicht überrascht, daß die Haseldorfer-Wedeler Marsch in die Vorschlagsliste der »Feuchtgebiete von internationaler Bedeutung« aufgenommen wurde, die die Bundesanstalt für Vegetationskunde, Naturschutz und Landschaftspflege im Auftrage des Bundesministers für Ernährung, Landwirtschaft und Forsten erstellte.

Nachdem 1971 in Ramsar/Iran auf einer internationalen Konferenz ein „Übereinkommen über Feuchtgebiete insbesondere als Lebensraum für Wasser- und Watvögel von internationaler Bedeutung" formuliert worden war, hatte die Bundesrepublik diese Konvention am 28. 11. 1974 vorbehaltlich der Ratifizierung unterzeichnet. Nun galt es, Gebiete zur Aufnahme in die von der Internationalen Naturschutzunion (IUCN) geführten Weltliste zu melden. Die Bundesanstalt fand unter Verwendung international verbindlicher qualitativer und quantitativer Kriterien in Deutschland 35 Gebiete, die den Ansprüchen genügten, die meisten im Norden und Süden der Bundesrepublik, und vier davon allein an der Niederelbe:

1. Elbufer-Störmündung (Schleswig-Holstein)
2. Rechtes Elbufer von Wedel bis Pagensand (Schleswig-Holstein)
3. Asseler Sand/Schwarztonnensand (Niedersachsen)
4. Elbaußendeichgelände Ostemündung bis Freiburg einschließlich NSG Hullen (Niedersachsen)

Hieraus wird der biologische Wert nahezu der gesamten Niederelberegion deutlich, gleichzeitig aber, daß zur ökologischen Einheit der Haseldorfer-Wedeler Marsch auch die vorgelagerten Watten, Inseln und Sände sowie die Seestermüher Marsch zwischen der Pinnau- und der Krückaumündung gehören. Aus diesem Grunde hat der Deutsche Bund für Vogelschutz – Landesverband Hamburg – in einem Antrag vom 1. 6. 1976 die Unterschutzstellung der gesamten Pinneberger Elbmarschen gefordert. Der Kernbereich Haseldorfer-Wedeler Marsch gliedert sich in verschiedene Teil-Lebensräume mit unterschiedlicher Flora und Fauna.

Das Simsenröhricht sorgt für die Reinigung der Elbe und für eine stärkere Sedimentation des Schlickwatts.

Die Gemeine Sumpfsimse bildet große, runde Horste, die von den Fluten gekämmt werden; linke Seite.

In der Schlickwattzone lebt ein Millionenheer von Kleinlebewesen, das durch den Abbau der im Wasser treibenden Sinkstoffe entscheidend zur Gesundung des Stromes beiträgt.

Die Stromelbe

Die Elbe ist nicht nur die Hauptschlagader für die Handelsmetropole Hamburg, sondern auch die landschaftsgestaltende Kraft der Niederelberegion. Sie bildet hier mit einer Breite von 1,5 km die offene Verbindung zum Meer, in dessen Rhythmus gewaltige Wassermassen herangeführt und wieder abgeleitet werden. Das durch Ebbe und Flut bedingte Pendeln des Wasserkörpers und die dadurch entstehende Vermischung ist für die biologische Selbstreinigungskraft bedeutsam. Bei Flut versorgt die Elbe über verschiedene Nebenarme Priele und ein fein verästeltes künstliches Grabensystem den Gesamtraum bis hin zur Geest oder zum Deich mit frischem Wasser. Dabei werden Schwebstoffe herangeführt, die durch Absinken zur Wattbildung beitragen. Bei Winterstürmen wird zeitweilig die gesamte Marsch überflutet und dadurch natürlich gedüngt. Da die üppige Marschvegetation imstande ist, vielerlei Schadstoffe zu verwerten und dadurch abzubauen, sind Überschwemmungen auch für die Selbstreinigungskraft der Elbe wichtig. Treten stürmische oder stärker anhaltende Westwindwetterlagen schon im September und Oktober auf, wird der direkte Bezug zur Nordsee durch die Beobachtung von ausgesprochenen Meeresvögeln augenscheinlich.

Vertreter der Röhrennasen – Verwandte der Albatrosse – wie Eissturmvögel, Wellenläufer, Sturmschwalben und Sturmtaucher, sowie andere typische Hochseevögel wie Baßtölpel, werden zeitweilig vom Sturm verdriftet und über den weiten Trichter der Elbmündung tief ins Binnenland getrieben. Zusammen mit anderen Sturmgästen wie Raubmöwen oder Dreizehenmöwen kann man sie über der Elbe fliegend beobachten. Da die an das Meer angepaßten Vogelarten im Süßwasser keine Nahrung finden, haben nur wenige die Kraft, zurückzufliegen. Viele sterben an Erschöpfung, und nur ihre angespülten Kadaver zeugen von der Zwangsverfrachtung ins Binnenland. Für andere Vogelarten bietet die Elbe Nahrung im Überfluß. Vom Fischreichtum profitieren die Kormorane, die in der Tiefwasserzone fischen und gerne auf den Elbstacks ihr Gefieder trocknen.

In den Tiefwasserzonen, besonders vor der Pinnaumündung, halten sich zur Zugzeit auch gern Taucher, Säger und verschiedene Tauchenten auf, um nach Nahrung zu suchen. Wenn im Frühling und Herbst die Stinte ziehen, sammeln sich manchmal riesige Schwärme von Trauerseeschwalben über der Fahrrinne der Elbe, um Beute zu machen. Auf dieser Zugleitlinie wurden von dieser sonst sehr seltenen Vogelart am 30. 8. 1969 innerhalb von drei Stunden an die 20 000 Exemplare elbabwärts ziehend gezählt.

Das Süßwasserwatt

Der Wedeler Marsch vorgelagert liegt das Fährmannssander Watt, das größte Süßwassertidewatt Europas. Die Wattbildung wurde auf diesem beinahe 5 km langen Uferabschnitt durch die Errichtung von vier langen Buhnen gefördert. Die Fließgeschwindigkeit ist, bedingt durch den sanften Bogen, den die Elbe zwischen Wedel und der Krückaumün-

Die Sandwatten weisen fast keine Vegetation und nur wenige Mikroorganismen auf.

dung nach rechts beschreibt, ohnehin auf der niedersächsischen Seite stärker. Die bis zu 800 m langen Steinwälle bremsen den Strom weiter, so daß es besonders zur Zeit des Gezeitenwechsels zu einer starken Sedimentation kommt. Bei jeder Flut trägt die Elbe neue Sinkstoffe heran, die im Laufe der Zeit zur Bildung dieses interessanten Lebensraumes geführt haben. Die Wattflächen liegen im Bereich zwischen der mittleren Hochwasser- und der mittleren Niedrigwasserlinie, werden also im Rhythmus der Tide regelmäßig überspült und fallen bei Ebbe wieder trocken. Nach Art des abgelagerten Sediments haben sich zwei unterschiedliche Watt-Typen gebildet. In den stromnahen Bereichen finden wir meist Sandwatten, in den ufernahen Teilen überwiegen die Schlickwattflächen. Während die Sandwattgebiete, ein ca. 200 m breiter Streifen, gut begehbar sind, sinkt man in den Schlickwatten, ca. 800 m breit, knietief ein. Durch diesen sicheren Schutz gegen Menschen bleiben die Tiere in diesem Bereich meist ungestört.

Ein anderer Unterschied liegt darin, daß die Sandwatten so gut wie keine Vegetation aufweisen, während die Schlickflächen stark bewachsen sind. Die Stromsimse bildet hier ausgedehnte, über 1 m hohe Bestände und kann daher als Charakterart angesehen werden. Die kleineren freien Wattflächen zwischen den Simsenbeständen sind oft mit einem üppigen Algenrasen bedeckt, der die Nahrungsgrundlage für eine Vielzahl von Organismen bildet. Die Schweb- und Sinkstoffe der Elbe bilden den Hauptteil der Nahrung für die Organismen, die hier leben. Es sind nicht viele Arten, die in diesem Extremlebensraum bestehen können, der gekennzeichnet ist durch starke Temperaturschwankungen, der im Winter häufig unter Eis begraben wird oder bei Sturmflut starker Erosion unterliegt. Die wenigen Arten jedoch, die diese Bedingungen vertragen können, kommen in einer um so größeren Individuendichte vor. PFANNKUCHE fand bei einer Untersuchung im Jahre 1974 folgende bemerkenswerten Bestandsgrößen, bezogen auf 1 qm Schlickwatt:

129 600	Röhrenwürmer
35 000	Borstenwürmer
61 200	Rädertierchen
19 600	Ruderfußkrebse
10 200	Wasserflöhe
48 200	Fadenwürmer
18 800	Strudelwürmer
3 600	Zuckmückenlarven
2 400	Gnitzenlarven

Zu bedenken ist, daß sich diese Massen an Bio-Organismen nur in den oberen 5 mm des Schlickwattes zusammendrängen, der sogenannten Oxydationsschicht. Darunter beginnt ein sauerstoffloses, lebensfeindliches Sediment, in dem sich nur noch Organismen aufhalten können, die ihre Nahrung über einen Syphon aus dem freien Wasser entnehmen, wie Muscheln oder Strudler, die allerdings in letzter Zeit immer seltener geworden sind. Die biologische Aktivität dieser Kleinlebewelt ist für die Selbstreinigungskraft der Elbe von größter Bedeutung. Durch den Abbau der im Wasser treibenden Schmutzlast hat dieser Raum die Wirkung einer natürlichen Kläranlage. Man kann annehmen, daß die Elbe ohne Kläranlagen dieser Art schon öfter in Teilbereichen umgekippt wäre, als dies bisher der Fall war.

Eine andere, vielleicht noch größere Bedeutung kommt dem Millionenheer an Kleinlebewesen als unerschöpf-

Die unzähligen Mikroorganismen im Süßwasserwatt sind eine unerschöpfliche Nahrungsquelle für die Vogelwelt.

liches Nahrungsreservoir für die Vogelwelt zu. Strandläufer aus der Tundra treffen hier Schwäne aus Sibirien, und Gänse aus Rußland finden sich ebenso ein wie Enten aus Skandinavien. Man kann sagen, Wat- und Wasservögel der gesamten Paläarktis geben sich hier ein Stelldichein, um ihre Fettreserven für den Weiterflug zu erneuern. Aber auch die hier brütenden Wiesenvögel holen ihre Nahrung überwiegend aus dem Schlickwatt. Die Sandwattflächen haben dabei eine untergeordnete Funktion, da sie nicht nur artenärmer sind, sondern auch weit geringere Individuendichten aufweisen. Sie dienen besonders bei Ebbe vielen Möwen als Rastplatz. Die Gesamtproduktion an Biomasse hat nicht nur eine hervorragende Funktion als Nahrungsgrundlage der Vögel, sondern gleichwohl auch für Fische. Sie finden hier gleichzeitig ideale Rückzugs- und Fortpflanzungsbedingungen. So laichen im Wedeler Elbwatt und in den sich anschließenden Nebenarmen und Prielen Brassen, Plötze und Rotfedern. Andere Arten wie Aal, Barsch, Kaulbarsch und Flunder finden hier einen reichgedeckten Tisch.

Die Elbsände und Elbnebenarme

Biologisch gesehen findet das Süßwasserwatt seine Fortsetzung in den Nebenarmen der Elbe sowie in den Prilen und Tidegräben. Auch hier haben sich Schlicksedimente gebildet, die dem Tidehub unterliegen und deren Bodenfauna dem aquatischen Lebensraum im Fährmannssander Elbwatt entspricht. Die Pagensander, Haseldorfer und Hetlinger Binnenelbe markieren einen Altarm der Elbe, der noch im frühen Mittelalter der Hauptstrom war. Damals verlief der Stromstrich auf der rechten Elbseite, pendelte jedoch später wieder ans niedersächsische Ufer. Durch die Verlagerung des Strombettes kam es immer wieder zu gravierenden landschaftlichen Veränderungen. Die Sände verlagerten sich, neue Prile entstanden, ja ganze Dörfer verschwanden. Im Mittelalter war diese schwer zugängliche Wasserwildnis mit ausgedehnten Röhrichtbeständen und Aue-Urwäldern bedeckt. Das heutige Bild der Marschen und Sände entwickelte sich erst seit etwa 1700, wobei die Landschaft noch heute einem Wandel unterliegt.

In jüngerer Zeit jedoch ist der Mensch hierbei nicht ganz unbeteiligt. Durch Buhnen hat er die Verlandung beschleunigt, durch Steinkanten die Uferlinie in bestimmten Bereichen be-

Die sogenannten »Bandreißer« verarbeiten die Weidentriebe zu Körben und Faßreifen. Heute werden diese ehemaligen Nutzholzplantagen nicht mehr gebraucht und entwickeln sich außendeichs zu ursprünglichen Auewäldern.

Das Fährmannssander Watt ist das größte Süßwasserschlickwatt Europas.

festigt, durch Aufspülungen Sände vergrößert und erhöht. Auch die Vegetation wurde, bedingt durch landwirtschaftliche Interessen, verändert. So finden wir anstatt der einstigen Erlen-Ulmenauenwälder in erster Linie Weidengehölze, heute nicht mehr genutzte Bandweidenkulturen. Die sogenannten Bandreißer ernteten die Korbweiden in regelmäßigen Abständen, um aus den sehr elastischen Zweigen Faßreifen und Körbe herzustellen. Auch Obstbaumkulturen verdrängten den Urwald und gehören in diesem Bereich zu einem wichtigen Erwerbszweig. Die Obstbaukulturen auf den Sänden Auberg und Drommel werden allerdings schon seit langem nicht mehr genutzt und sind ebenso wie die meisten Bandholzkulturen total verwildert. Sie bieten jetzt einigen Singvogelarten Nistmöglichkeiten und Lebensraum. Die Brunnen der Hamburger Wasserwerke sind durch Anpflanzungen von Pappeln und Erlen gekennzeichnet. Sie bilden offene, waldartige Biotope, in denen sich in letzter Zeit Turmfalken und besonders Wacholderdrosseln angesiedelt haben. Ein Fremdkörper in der Marschlandschaft ist die nach dem Kriege durch Aufspülung entstandene künstliche Geestinsel südlich von Hetlingen. Die Ruderalflora und die ackerbauliche Nutzung in diesem Gebiet bieten einigen Vogelarten der Feldflur Lebensmöglichkeiten, sind aber biologisch gesehen von geringer Bedeutung.

Ganz anders zu beurteilen sind die ausgedehnten Röhrichtbestände, die sich am Rande der Tidegewässer noch erhalten haben und einige Inseln, wie den Bishorster Sand und die Eschschallen, fast völlig bedecken. Diese schwer zugänglichen, dschungelartigen Zonen aus Rohrkolben und Schilf bilden einen

Die Wiebels-Schmiele (oben) und der Schierlings-Wasserfenchel (unten) sind sogenannte »Endemiten«, die nur im Süßwassertidebereich der Elbe vorkommen.

Optimallebensraum für die bedrohten Rohrsänger und Rallen. Im Mündungsbereich der Haseldorfer und Pagensander Binnenelbe befindet sich eines der bedeutendsten deutschen Brutgebiete der Bartmeise. Auch als Schlafplatz haben die Röhrichte eine wichtige Funktion. Besonders Stare sammeln sich hier zur Zwischenzugzeit im Spätsommer und Herbst zu Zehntausenden, um im Reet zu übernachten. Auch Rauch- und Uferschwalben finden sich auf dem Heimzug häufig mit einigen tausend Exemplaren zum Schlafen ein, der Schlafplatzflug der Bach- und Schafstelzen ist mit je einigen hundert Exemplaren weniger auffallend. Im Bereich Bishorster Sand befindet sich sogar ein Schlafplatz der seltenen Kornweihen, der allerdings nur im Winter besetzt ist.

Doch nicht nur die Vogelwelt wartet mit Raritäten auf. Noch spektakulärer ist das Vorkommen von zwei Pflanzenarten, die es nur im Süßwassertidenhubbereich der Elbe gibt und sonst nirgendwo auf der Welt. Diese sogenannten Endemiten sind besondere Kostbarkeiten des Stromspaltungsgebietes der Elbe. Die eine, die Wibels-Schmiele (Deschampsia wibeliana), auch Tideschmiele genannt, gehört zu den Gräsern, die andere, der Schierlingswasserfenchel (Oenanthe conioides) ist eine Blütenpflanze. Andere sehr seltene Tidespezialisten sind

Sumpfreis, auch
Reisquecke genannt
Tide- oder Watt-Rispengras
Stechende Simse
Tide-Teichsimse
Dreikantsimse
Tide-Scharbockskraut
Seekanne
Efeu-Hahnenfuß und
Tide-Brunnenkresse.

Priele sind typisch für ein Stromspaltungsgebiet. Gräben bilden ihre künstliche Verlängerung.

Die Marschen

Die ausgedehnten Flußmarschen links und rechts der Niederelbe sind vom Menschen geprägte Kulturlandschaften. Die Vorlandmarschen werden vorwiegend durch eine extensive, jedoch recht ertragreiche Grünlandwirtschaft genutzt, und zwar als Weide- oder Mähwiese. Die scheinbar so tischebenen Marschflächen weisen jedoch recht unterschiedliche natürliche Wachstumsbedingungen auf. Diese sind abhängig vom Bodenrelief, von den Wasserverhältnissen im Boden, von unterschiedlichen Strukturen in einer anscheinend gleichförmigen Landschaft.

Die bewegte Geschichte der Elbe nach der letzten Eiszeit hat hier ein für den Fachmann gut lesbares Tagebuch hinterlassen. Als im Verlauf der Nacheiszeit der Nordseespiegel stark angestiegen war, geriet das Urstromtal unterhalb Hamburgs unter Gezeiteneinfluß. Die Tideablagerungen füllten im Laufe der Zeit das Elbtal mit unterschiedlichen Materialien auf, die heute

Bei Sturmflut wurden die Sommerdeiche schnell überspült, das Wasser konnte danach nur sehr langsam wieder ablaufen.

in einer ca. 10 m mächtigen Schicht die diluvialen Sande überdecken. Nach strömungsdynamischen Gesetzesmäßigkeiten wurden die gröberen Sedimente mehr in den Uferbereichen des Hauptstromes abgelagert, die feineren tonigen Bestandteile mehr in den Nebengewässern und Überflutungsräumen. Bei der häufigen Verlagerung des Flußbettes kam es zu immer neuen Bodenumschichtungen und entsprechenden Kleinstrukturen in den Sedimentschichten. Die durch Schlickfall entstandenen fruchtbaren Kleiböden markieren so die Stillwasserzonen der jüngsten Geschichte der Elbe.

Der Botaniker kann anhand der natürlichen Vegetation Rückschlüsse auf die Bodenbeschaffenheiten und die Wasserstandsverhältnisse ziehen. Er unterscheidet nicht nach Wirtschaftsform oder Intensität, sondern nach den natürlichen Gegebenheiten vier verschiedene Gründlandtypen. *Die Überschwemmungsnaßwiese* wird schon bei einem Anstieg des Hochwassers von 20 bis 25 cm über MThw überspült und enthält eine große Anzahl seltener Pflanzen. *Die Naßwiese* wird nicht so häufig überflutet, weist aber einen hohen Grundwasserstand auf. In diesem Typ der nassen Wirtschaftswiese finden wir die Bestände der vom Aussterben bedrohten Schachblume, die in der Wedeler Marsch, besonders im Bereich um die Idenburg, noch recht zahlreich vorkommt. Nach den großen Beständen im Seevetal liegt hier das bedeutendste Vorkommen der Bundesrepublik. *Die frisch-feuchte Wirtschaftswiese* hat mit über 50% den größten Flächenanteil. Auch in diesem Wiesentypus ist die Schachblume noch heimisch. *Das grundwasserunabhängige Grünland* finden wir an den Deichen und am Geesthang.

Bei Sturmfluten wird das gesamte Grünland überflutet, bei starken Stürmen sogar die durch einen Sommerdeich geschützten Flächen bis hin zur Geest. Die Flut führt eine reiche Last an Sinkstoffen mit, die sich zu einem großen Teil am Boden ablagern. Die auf diese Weise stattfindende natürliche Düngung ist für zahlreiche Pflanzen lebensnotwendig und macht eine zusätzliche Düngung durch den Landwirt im allgemeinen überflüssig. Gerade die mehrschürigen Mähwiesen mit ihren bis zu 1,50 m hohen Grasbeständen weisen ein Leistungspotential auf, das kaum in einem anderen Grünland mit künstlicher Düngung erreicht wird. Der Gezeitenrhythmus sorgt aber nicht nur für eine ständige Nährstoffzufuhr, sondern beim Trockenfallen auch für eine regelmäßige Durchlüftung. Dieses Wechselspiel hat sich für die Pflanzenwelt als optimal erwiesen.

Zum Bild der Marsch gehört unweigerlich auch der Graben, der gleichzeitig die Funktion der Entwässerung, der Tränke, des Weidezaunes und häufig auch die der Eigentumsgrenze übernimmt. Die Grabenböschung ist für Flora und Fauna vor besonderem Wert. Hier können Pflanzen überleben, die auf der Wiese längst verschwunden sind, hier können sich Amphibien verstecken, Insekten auf Futtersuche gehen und Vögel ihre Nester bauen, ohne mit den wirtschaftlichen Interessen des Landwirtes in Konflikt zu geraten. So hat sich im Grabensystem eine eigene artenreiche Lebewelt erhalten, die zur Stabilität des Ökosystems Marsch entscheidend beiträgt.

Die Vegetation war an die besondere Nährstoffzufuhr durch Überschwemmungen angepaßt und ist nach der Eindeichung einem Wandel unterworfen.

Bei der schweren Sturmflut am 3. Januar 1976 brach der Deich in der Haseldorfer Marsch an vielen Stellen.

Der Zeitraum nach 1962

Das Bild der Landschaft im Urstromtal der Elbe hat sich in den letzten zwanzig Jahren gravierend gewandelt. Aus einer reizvollen bäuerlichen Kulturlandschaft an einem der ökologisch wertvollsten Flußsysteme Westeuropas hat sich ein Industrierevier entwickelt, in dem die Grünlandzonen zwar noch überwiegen, aber gleichsam einem starken Strukturwandel unterliegen.

Die Ursachen beruhen im wesentlichen auf der wirtschaftlichen Entwicklung der Bundesrepublik Deutschland. Die Wirkungen sind sehr vielfältig und hinsichtlich des Ökosystems Marsch sehr negativ. Dennoch sind die Auswirkungen dieser Entwicklung für viele Menschen schwer zu erkennen.

Im Folgenden soll daher versucht werden, die Veränderung – speziell für den Raum Haseldorfer-Wedeler Marsch – deutlich zu machen. Berücksichtigt werden müssen jedoch auch indirekte Einflüsse, d. h. Maßnahmen außerhalb des Raumes, deren Auswirkungen das Gebiet beeinträchtigen.

Der Wendepunkt in der Entwicklung ist genau zu fixieren. Schlüsseldatum ist der 16. und 17. Februar 1962. An diesem Tage überrollte eine schwere Sturmflut die Deutsche Bucht und brachte besonders im Niederelberaum große Verwüstungen mit sich. Die Flut, später »Jahrtausendflut« genannt, überschwemmte ein Sechstel des Hamburger Stadtgebietes, 315 Menschen starben, und 20 000 wurden obdachlos. An etwa 60 Stellen brachen die Hamburger Deiche, die einem Wasserstand von 5,73 m über NN nicht gewachsen waren.

Der Deich bei Haseldorf wurde auch schwer beschädigt und der Deichfuß an einigen Stellen wasserdurchlässig. Daß er aber insgesamt hielt, war wohl nur den Deichbrüchen an anderer Stelle zu verdanken, die hier entlastend wirkten.

Dies wurde bestätigt, als am 3. Januar 1976 erneut eine schwere Sturmflut den Elbebereich heimsuchte. Dabei stieg die Flut mit einem Höchstpegelstand von 6,45 m über NN noch um ca. 75 cm höher als 1962 und zerfetzte den Haseldorfer Deich zwischen Hetlingen und Holm gleich neunmal. Diesmal hatten die inzwischen erhöhten Deiche in Hamburg dem Orkan standgehalten und einen entsprechend hohen Stau bewirkt, der jetzt die Haseldorfer Marsch in eine Wasserwildnis verwandelte. Doch es gab noch weitere Gründe für das ungewöhnlich hohe Auflaufen der Sturmflutwasserstände. Allein im Januar 1976 gab es nicht weniger als 15 Sturmfluten, die mehr als 2,70 m über NN aufliefen. Zum einen sind natürlich meteorologische Faktoren verantwortlich, doch werden immer mehr Stimmen laut, die den Deich- und Strombaumaßnahmen die Verantwortung für die hohen Wasserstände zuweisen.

Schon in einem Beitrag der WELT vom 3. 3. 1962 hieß es: »Frühere Sturmfluten konnten Hamburg nicht so schwer treffen, weil die Elbe noch nicht ausgebaggert und die Nebenflüsse der Elbe unterhalb Hamburgs noch nicht abgedämmt waren. Der bisher beispiellose Wasserstand in der Katastrophennacht wäre wohl auch nicht denkbar gewesen, wenn nicht die immer höher gebauten Kaimauern im Hamburger Hafen und die 1960 fertiggestellte Staustufe Geesthacht den Stau begünstigt hätten.«

Nach der Sturmflut des Jahres 1976 wurde die Diskussion über die strombaulichen Auswirkungen auf die Sturmflutwasserstände neu belebt. Das Flußbett der Elbe war seitdem weiter kanalisiert und auf 13,5 m vertieft worden, viele Überschwemmungsgebiete durch Vorverlegung der Deiche (Deichverkürzung) und durch Sperrwerke an den Nebenflüssen abgeschottet, Überlaufpolder im Hafen aufgespült und Elbsände mit Baggergut aus der Vertiefung der Fahrrinne aufgehöht, der Flutraum des Stromes also insgesamt stark eingeengt.

Nach Meinung des Wasserbau-Experten Gudehus hat dies zur Folge, daß Sturmfluten in Hamburg 40 bis 60 cm höher auflaufen als vorher. Der Vertreter von Strom- und Hafenbau, Prof. Laucht, bestritt diese Auswirkungen, räumte indessen ein, daß die neuen Deiche und Schutzbauten Sturmfluten um wenige Dezimeter höhertreiben könnten. Die Behörden mußten ein Interesse daran haben, die Auswirkungen möglichst herunterzuspielen, da sie inzwischen von der Notgemeinschaft der flutgeschädigten Gewerbebetriebe auf Schadenersatz verklagt worden waren. Einig war man sich eher darüber, daß schnell gehandelt werden mußte, um die Sicherheit der Menschen und der

Nach der Sturmflut von 1962 wurden Nebenflüsse der Elbe durch Sperrwerke abgeschottet, so daß Auslaufflächen für die Flut verlorengingen.

Gewerbebetriebe zu garantieren. Über das Wie gab es jedoch widerstreitende Meinungen. Im Zeitungsblätterwald wurde mit Vehemenz die Diskussion über die notwendigen Maßnahmen aufgenommen. Immer neue Forderungen wurden aufgestellt, Ideen erörtert und Planungen diskutiert. Schon am 1.3. 1962 wurde der Plan des Hamburger Architekten Manfred Laudenbach vorgestellt, die Elbmündung durch einen Damm mit Schleusenanlagen abzuriegeln. Dieses würde die Sturmflutgefahr bannen und in der Elbe einen gleichmäßigen Wasserstand garantieren. Außerdem sah der Architekt hinter den Schleusenanlagen einen riesigen Seehafen entstehen, der das Projekt Tiefwasserhafen Neuwerk überflüssig machen würde. Auf dem so eingedeichten Medemsand, einem ca. 100 qkm großen Wattland vor Cuxhaven, würde dann gleichzeitig Raum für die Ansiedlung von Industrieanlagen entstehen. Dieses Projekt wurde auch nach der Sturmflut 1976 wieder aus der Schublade geholt, von den Behörden jedoch verworfen. Sie befürchteten, daß diese Maßnahme zur Versandung der Fahrrinne führen und damit das Ende für den Hamburger Hafen bedeuten würde. Dennoch blühten weitere Vorschläge zur Abdämmung der Elbe.

Die Bundesanstalt für Wasserbau bekam den Auftrag, die unterschiedlichen Vorstellungen zu überprüfen. An dem naturgetreuen 340 m langen Elbmodell in Rissen wurden drei mögliche Standorte genauer untersucht. Doch die noch ungelöste Konstruktion der Fluttore und die mögliche Behinderung der Schiffahrt verhinderten bislang eine Realisierung.

Die Alternative hieß Projektschutz, die zudem ein viel schnelleres Handeln ermöglichte. Mit riesigen Mauern sind inzwischen große Bereiche des Hafens und des Elbufers zu Bollwerken gegen die Flut ausgebaut worden. Die Angst aber blieb und führte auch zu ganz anderen Überlegungen. »Ein Ventil für die Elbe«, lautete eine Schlagzeile im Hamburger Abendblatt vom 30.3. 1976, in dem gefordert wurde, die Überflutungsgefahr durch einen 40 qkm großen Entlastungspolder zu bannen. Über ein 200 m langes Wehr am Mühlenberger Loch sollten bei Sturmflut große Teile des Alten Landes geflutet werden, um so Entlastung zu schaffen.

Mehr noch als die Sicherheit beflügelten die Phantasie der Menschen die ungeahnten Möglichkeiten, die sich in den durch Deiche sicher gewordenen Arealen ergaben. Hier entstanden Pläne für neue Industriegebiete, Verkehrsanlagen, Flurbereinigungsverfahren, Erholungsgebiete usw.

Die Niederelberegion war aus ihrem Dornröschenschlaf geweckt, der Fortschritt forderte seinen Tribut.

Am 8. April 1975 wurde der Deichneubau in der Haseldorfer und Wedeler Marsch feierlich eröffnet. Das neue Deichprofil wurde durch eine Stoffbahn abgesteckt.

Ein Deich und seine Folgen

Im Rahmen der Küstenschutzmaßnahmen, die nach der Sturmflutkatastrophe vom Februar 1962 notwendig geworden waren, wurde auch für die Haseldorfer-Wedeler Marsch ein neuer Deich konzipiert. Am 20. 12. 1963 wurde der Generalplan »Deichverstärkung, Deichverkürzung und Küstenschutz in Schleswig-Holstein« vorgelegt, in dem auch dieser Teilabschnitt enthalten war. Das Marschenbauamt Itzehoe entwickelte drei Trassenvarianten, die als Vorentwurf Ende 1965 vorgestellt wurden. Auf Drängen einiger Vertreter des Kreises Pinneberg entschied sich der Minister für Ernährung, Landwirtschaft und Forsten am 15. 7. 1968 für die Variante 3, d. h. für eine Deichtrasse von 12,3 km Länge direkt am Elbufer. Einschließlich der Sielbauwerke sollten die Kosten ca. 80 Millionen DM betragen. Das Planfeststellungsverfahren wurde am 31. 10. 1968 eingeleitet, die Planfeststellungsunterlagen vom 11. 1. 1971 bis zum 12. 2. 1971 im Kreisverwaltungsamt Pinneberg (Wasserbaubehörde) ausgelegt.

Am 9. 12. 1972 erwarb die Schleswig-Holsteinische Landgesellschaft für 7,5 Millionen DM ca. 930 ha Vordeichländereien, um die fiskalischen Grundvoraussetzungen zu schaffen. Wie auch bei den anderen Deichneubauten im Niederelbegebiet wurden bei der Trassierung wirtschaftliche Interessen, insbesondere die der Landwirtschaftslobby, berücksichtigt. Gesichtspunkte der Überflutungsräume oder gar ökologische Belange wurden dagegen kaum beachtet. Offensichtlich war die Zeit noch nicht reif für die Notwendigkeiten des Naturschutzes oder für die Beachtung ökologischer Erkenntnisse.

Die behördliche Planung und Vorbereitung vollzog sich im verborgenen. Der Bürger wurde kaum unterrichtet oder nur durch amtliche Blätter, die selten einer in die Hand bekam. Selbst das Landesamt für Naturschutz und Landschaftspflege war mehr durch Zufall auf die bedenkliche Deichtrassierung gestoßen und hatte Vorschläge für eine

In wenigen Jahren veränderte der Deichbau die Landschaft grundlegend. Ein 95 m breiter und 12,3 km langer Wiesenstreifen wurde allein für den Deichbau in Anspruch genommen.

weiter im Binnenland verlaufende Alternative gemacht. Daraufhin äußerte am 4. 12. 1973 auch die Untere Landschaftspflegebehörde des Kreises Pinneberg ihre Bedenken. Am 13. 3. 1974 forderte auch der Pinneberger Kreistag, aufgrund der Bedenken der Fachämter, die Erarbeitung alternativer Deichtrassen, bei denen die Belange der Umwelt mehr Berücksichtigung finden sollten. Dieses Papier kam jedoch erst an dem Tage im Kieler Ministerium an, an dem auch der Planfeststellungsbeschluß einging. Der Beirat für Naturschutz und Landschaftspflege wurde erst am 29. 5. 1974 aufgrund des Landschaftspflegegesetzes vom 1. 5. 1973 konstituiert, also nachdem das Planfeststellungsverfahren abgeschlossen war. Er meldete sich am 27. 11. 1974 mit der Forderung zu Wort, doch wenigstens den Tidenhub in der Haseldorfer Binnenelbe zu gewährleisten und die Grünlandnutzung zu erhalten.

Inzwischen hatte auch der Deutsche Bund für Vogelschutz – Landesverband Hamburg – von dem Planfeststellungsbeschluß erfahren, nachdem er durch Zufall auf den Plan eines Wasserparkes Hetlingen-Wedel gestoßen war, der hinter verschlossenen Türen im Kreisbauamt Pinneberg, Abteilung Planung, ausgearbeitet worden war. Mit Bestürzung erfuhr er, daß sein beliebtestes Exkursionsgebiet in ein Supererholungsgebiet umgwandelt werden sollte. An einer ca. 80 ha großen Wasserfläche sollten ein Bootsverleih, Badestrände, Campingplätze, ein Café, Ringwanderweg, Spielfelder und Trimmdich-Anlagen entstehen; dazu Parkplätze für 3 000 Pkw-Einheiten und die notwendige Infrastruktur. Dies brachte den Verein in Harnisch und führte zu der Bildung einer Arbeitsgruppe Umweltschutz, die zunächst versuchen sollte, den Wasserpark zu verhindern. Je mehr sich der Arbeitskreis mit der Wedeler Marsch beschäftigte, desto mehr unheilvolle Fakten kamen zutage.

Erst zu diesem Zeitpunkt wurde der Planfeststellungsbeschluß bei den Naturschutzorganisationen bekannt, und die Vorhaben der Behörden und der Politiker verbreiteten sich wie ein Steppenbrand. Ein Aufschrei der Empörung lief durch die Vereine und Verbände, die den Naturschutz auf ihre Fahnen geschrieben hatten. Zuerst wurde die Arbeitsgemeinschaft Umweltplanung Niederelbe (AUN) aktiv, doch immer mehr Verbände schlossen sich dem Protest gegen die Zerstörung eines Feuchtgebietes von internationaler Bedeutung an.

Sechzehn Professoren und Dozenten des Zoologischen Institutes der Universität Hamburg unterzeichneten einen Brief an den Ministerpräsidenten des Landes Schleswig-Holstein, in dem sie sich entschieden gegen die Eindeichung wendeten. Die Arbeitsgemeinschaft der Staatlichen Vogelschutzwarten richtete ebenso eine Resolution an die Verantwortlichen, wie der Internationale Rat für Vogelschutz. Sogar das Internationale Büro für Wasservogelforschung in Slimbridge, England, und Professor Grzimek versuchten noch, ihren Einfluß geltend zu machen und das ökologische Unglück abzuwenden – vergebens! Der immer größer werdende Druck bewirkte lediglich, daß der Kreistag in Pinneberg im Nachhinein noch ein landschaftsplanerisches und ökologisches Gutachten in Auftrag gab in der Hoffnung, die zu erwartenden Zerstörungen abzumildern. Für die Erarbeitung eines dafür notwendigen Leistungsbildes wurden die Naturschutzverbände am 15. 1. 1975 zu einem Abstimmungsgespräch geladen. Den Auftrag erhielt am 14. 5. 1975 das Landschaftsplanungsbüro Herms in Hamburg, verbunden mit der Auflage, Fachleute verschiedener Disziplinen einzubeziehen. Bereits am 4. 7. 1975 versuchte Raimund Herms aufgrund seiner ersten Erkenntnisse aus der Gutachtertätigkeit, den Minister und seine Mitarbeiter umzustimmen, und empfahl alternativ eine weiter im Binnenland verlaufende Deichtrasse. Zuvor hatte bereits der Landrat des Kreises Pinneberg versucht, ein Planänderungsverfahren einzuleiten mit dem Ziel, wenigstens die Größe der Sieltore noch zu beeinflussen und damit einen Wasseraustausch zu gewährleisten.

Ohne auf die Mahnungen der Biologen und die Forderungen des Naturschutzes zu hören, eröffnete der Minister für Ernährung, Landwirtschaft und Forsten am 8. 4. 1975 mit dem ersten Spatenstich den Deichneubau. Bei Schnaps und Blechmusik wurde dieser folgenschwere Tag auf dem Fährmannssand feierlich begangen. Alle Versuche, doch noch ökologische Belange zu berücksichtigen, waren fehlgeschlagen. Nur der Zeitplan für die Bauzeit mußte noch einmal revidiert werden; denn am 3. 1. 1976 riß eine schwere Sturmflut den noch im Bau befindlichen Deich an vielen Stellen kaputt und verteilte das aufgespülte Material auf die rückwärtigen Marschgebiete. Dabei wurde auch eine der schönsten Schachblumenwiesen unter einer Sandschicht begraben.

Diese letzte Überschwemmung der Haseldorfer-Wedeler Marsch führte dazu, daß die Bauzeit, die zunächst auf vier Jahre angelegt war, gerafft wurde und schon 1976, ausgerechnet im vom

Unbeeinflußt von den Deichbaumaßnahmen blieben nur die Vordeichflächen, hier die Haseldorfer Binnenelbe, durch die einstmals der Hauptstrom floß.

Europarat ausgerufenen Feuchtgebietsjahr, der Deich geschlossen wurde. Die Verbände indes kämpften weiter; denn es war noch nicht alles verloren. Der Wasserpark mit seinen vielfältigen Freizeiteinrichtungen war bald vom Tisch. Zum einen war die Berechnung für den Kleibedarf falsch gewesen und verringerte sich von 2,5 Mio. cbm auf 0,8 Mio. cbm. Die Wasserfläche war nun zu klein, der Protest gegen das Projekt zu groß geworden. Auch die Pläne für einen Flugplatz, eine Siedlung sowie für ein Atomkraftwerk bei der Hetlinger Schanze wurden aufgrund des öffentlichen Drucks nicht weiter verfolgt.

Für die weitere Strategie ihrer Arbeit warteten die Verbände zunächst das ökologisch-landschaftsplanerische Gutachten ab, das am 30. 3. 1976 beim Kreis abgegeben wurde. Seine Hauptforderung war ein Sperrwerk in der Haseldorfer Binnenelbe von ca. 100 bis 120 m Breite, um den Gezeitenrhythmus und damit den Charakter des Gebietes zu erhalten. Hierfür war nach bestehender Rechtslage ein erneutes Planfeststellungsverfahren notwendig. Mit Hinweis auf die hohen Kosten wurde diese Forderung nicht erfüllt. Als Übergangslösung forderte Herms Schutz für die ehemaligen Vordeichsmarschen, die Beibehaltung der Grünlandnutzung sowie zwei getrennte Entwässerungssysteme, um eine feuchtere und eine trockenere Zone zu schaffen. Im feuchteren Teil sollte der Wasserstand nur 20 cm unter dem bisherigen, nur bei Flut erzielten Hochwasserstand gehalten werden, um so ein, wenn auch verändertes, Feuchtgebiet zu bewahren, in dem die Belange des Natur- und Vogelschutzes Vorrang genießen sollten. Dieser Polder sollte durch entsprechende technische Maßnahmen geeignet sein, während der Wintermonate einen Überstau zu ermöglichen, damit die Äsungszonen der Gänse und Schwäne nicht verlorengingen. Die durch Kleientnahme entstandenen Wasserflächen sollten als Ausgleich für verlorengegangene Vordeichsflächen nach ornithologischen Gesichtspunkten gestaltet werden. Die Planung sah buchtenreiche Ufer mit Flachwasserzonen, Schlammbänken und Brutinseln für Wasservögel vor, die standortgerecht mit Binsen-, Seggen-, Schilf- und Schwimmblattzonen bepflanzt werden sollten. Die Gewässertiefe sollte unterschiedlich gehalten werden, um den Ansprüchen verschiedener Wasservögel gerecht zu werden. Für die erholungssuchende Bevölkerung, für die das Gebiet durch den neuen Deichwanderweg in verstärktem Maße erschlossen wurde, sollte an einer der

Für die Ornithologen behielt die Marsch ihren Reiz, da das Fährmannssander Elbwatt mit seinen großen Vogelschwärmen unangetastet blieb.

Kleientnahmestellen ein Beobachtungsstand gebaut werden, der über einen gedeckten Pfad zu erreichen ist und etwa 30 Personen Platz bot.

Dieser Beobachtungsstand sollte landschaftsgerecht eingegrünt und von einem ortsansässigen ornithologischen Verein betreut werden. Weitere Sport- und Erholungseinrichtungen waren für dieses Gebiet nicht vorgesehen. Die Kleiteiche würden gleichzeitig durch gezielten Fischbesatz idealer Nahrungsraum für die Graureiher sein, die ganz in der Nähe in einer großen Kolonie brüten. Diese Aussagen des Herms-Gutachtens wurden zur Grundlage der weiteren Arbeit des DBV-Landesverbandes Hamburg. Er ging jedoch in einigen Punkten über sie hinaus. So wurden bei seinen Aktivitäten angrenzende Lebensräume mit einbezogen, die nicht Gegenstand des Herms-Gutachtens waren. Außerdem wurde gefordert, daß der Jagdpachtvertrag mit den Elbjägern für den gesamten Niederelberaum nicht erneuert wird und damit die bedeutenden Wattflächen als störungsfreies Reservat und Nahrungsraum für die Wasservögel erhalten bleiben.

Bei der Erfüllung aller dieser Voraussetzungen, so hoffte man, könnte trotz Deichbau ein international bedeutendes Feuchtgebiet für die Vogelwelt erhalten bleiben und damit der besondere Reiz dieser Landschaft zumindest unter diesem Aspekt gewahrt werden.

Doch die Verantwortlichen taten sich schwer, die anstehenden Probleme zu lösen und sich auf naturschutzfreundliche Beschlüsse festzulegen. Die vielfältigen Interessenkonflikte zwischen Landwirtschaft und Ökologie, zwischen Angelsport und Erholung oder zwischen Jagd und Naturschutz führten dazu, daß Entscheidungen hinausgeschoben wurden. Zunächst spielte man auf Zeitgewinn, indem man weitere Gutachten in Auftrag gab. Gleichzeitig erhoffte man sich detaillierte Entscheidungshilfen für spezielle Fragen. Besonders die Auswirkungen des neuen Deiches auf die künftig nicht mehr überschwemmten Gebiete sollten näher untersucht werden.

Im Januar 1980 wurden die Ergebnisse vorgelegt. Reimer Voß hatte die Möglichkeiten der landwirtschaftlichen Nutzung im neu eingedeichten Gebiet untersucht, Prof. Dr. E. W. Raabe die Entwicklung der Pflanzenwelt und Dr. Reinmar Grimm die zoologischen Veränderungen nach Deichschluß beobachtet. Doch auch diese Gutachten machten die Entscheidungen der Politiker nicht leichter. So wurde Prof. Dr. Knauer beauftragt, ein Obergutachten zu erstellen. Seine Aufgabe war es, die Erkenntnisse der vorliegenden drei Gutachten zu vereinen und insbesondere Vorschläge zur landwirtschaftlichen Nutzung von Einzelflächen zu machen. Er legte seine Arbeit »Grenzen und Möglichkeiten der Gründlandnutzung innerhalb der von der Stiftung Naturschutz Schleswig-Holstein in der Haseldorfer Marsch gekauften und angrenzenden Flächen unter gleichzeitiger Berücksichtigung der Ziele des Naturschutzes« 1981 vor. Doch nicht genug damit, nach dem nun vorliegenden Oberobergutachten wurde noch im gleichen Jahr ein Obergutachten in Auftrag gegeben. Das Ministerium für Ernährung, Landwirtschaft und Forsten forderte das Landesamt für Naturschutz und Landschaftspflege Schleswig-Holstein auf, zu Art und Umfang des Naturschutzes in der Haseldorfer-Wedeler Marsch Stellung zu nehmen. Die bereits vorhandenen Aussagen wurden erneut aufbereitet und ein Gesamtkonzept für den Raum erarbeitet.

Unterdessen, noch bevor Prof. Dr. Knauer oder das Landesamt den Auftrag für die Vorschläge zur Unterschutzstellung der Haseldorfer-Wedeler Marsch erhalten hatten, erwarb im November 1979 die Stiftung Naturschutz Schleswig-Holstein unter maßgeblicher finanzieller Beteiligung des Bundes im Gebiet der Haseldorfer Marsch ca. 342 ha Land- und Wasserfläche zur Errichtung und Sicherung eines Feuchtgebietes. Diese Flächen waren die am höchsten gelegenen Teile der Marsch und zudem die, abgesehen von einigen Vordeichsgebieten, naturkundlich am wenigsten attraktiven. Der Anteil an verwilderten Weidengebüschen, in denen Singvögel brüten, die in den meisten Vorgärten vorkommen, war bei diesem Neuerwerb besonders hoch. Offensichtlich waren die Landwirte an diesen Flächen nicht interessiert, und so erwarb man nicht die Gebiete, wo die bedrohten Rote-Liste-Arten brüteten, sondern Land, in dem ein relativ hoher Wasserstand nur durch kostspielige technische Kunstgriffe zu erreichen war. Auch die großen Bestände der schützenswerten Schachblume lagen nicht in diesem Gebiet, so daß der Ankauf ausgerechnet dieser Flächen bei Fachleuten auf Unverständnis stieß. Dennoch wurde gerade die Unterschutzstellung dieses Areals vorbereitet, wobei die erheblichen finanziellen Mittel, die notwendig wurden, das Gebiet mittels Ringgraben und neuer Schleusen mit einem eigenen Wassersystem auszustatten, darauf hindeuteten, daß in Kiel eine erneute Öffnung der Haseldorfer Binnenelbe nicht mehr zur

Die Außendeichbereiche erfüllen auch nach dem Deichbau noch die Kriterien eines Feuchtgebietes von internationaler Bedeutung.

Debatte stand. Das verästelte Aestuar der Binnenelbe war inzwischen zu einem Stillgewässer mit gleichmäßigem Wasserstand geworden und die Tidepflanzen weitgehend verschwunden. Die Schutzwürdigkeit dieser Fläche nach dem Deichschluß zu begründen fiel dem Landesamt für Naturschutz und Landschaftspflege schwer. In seinem Gutachten kam es jedoch zu dem Schluß, daß nach Durchführung verschiedener Maßnahmen (z.B. Anlage eines Feuchtgebietes) ein Zustand erreicht werden kann, der eine Unterschutzstellung als Naturschutzgebiet rechtfertigt.

Einig waren sich hingegen alle Gutachter und Verbände darin, daß den noch vorhandenen Außendeichgebieten der höchste Rang zukommt. Diese naturnahen Flächen sind die letzten Standorte für bedrohte, tideabhängige Pflanzenarten und Rückzugsgebiet zahlreicher Tierarten, die hinter dem Deich keinen Lebensraum mehr finden. Auch der hohe Wert der Wedeler Marsch, besonders in ornithologischem Sinne, wurde allgemein hervorgehoben und weit höher eingeschätzt als der der Haseldorfer Marsch. Begründet wurde dies einerseits mit dem hier noch vorhandenen Tideeinfluß über die Wedeler Au und dem offenen Wiesencharakter als Lebensraum der Wiesenvögel. Die räumliche Nähe der Nahrungs-, Rast- und Brutstätten wertet das Gebiet für den Tierartenschutz weiter auf. Auch aus Gründen des Pflanzenschutzes wurde die Ausweisung von Teilräumen, besonders um die Idenburg herum, gefordert. Prof. Knauer verlieh dem Bereich Haseldorfer-WedelerMarsch wegen seiner im schleswig-holsteinischen Elbraum einmaligen Ausdehnung und Naturausstattung sogar das Prädikat »unersetzbar«.

Um so überraschter war man, als im Mai 1982 der erste Verordnungsentwurf vom Ministerium für Ernährung, Landwirtschaft und Forsten vorgelegt wurde. Weder die Wedeler Marsch noch das Fährmannssander Elbwatt waren einbezogen und die Elbjagd nicht verboten. Dieser Verordnungsentwurf löste eine Flut von Protestbriefen aus, die das MELF veranlaßte, schon im August einen zweiten Entwurf vorzulegen, in dem jetzt ein 300 m breiter Streifen des Fährmannssander Wattes als Naturschutzgebiet vorgesehen war, in dem die Elbjagd verboten werden sollte. Auch dieser Entwurf stieß auf grobe Kritik. Die dritte Version »Haseldorfer Binnenelbe mit Elbvorland, die am 27. Juli 1983 in Wedel öffentlich ausgelegt wurde, sparte den binnendeichs liegenden Teil der Wedeler Marsch immer noch aus, enthielt aber das gesamte Fährmannssander Watt sowie die Insel Auberg-Drommel-Bishorster Sand. Die Elbjagd sollte nunmehr ganz verboten werden, aber Einwendungen waren bis zum 8. 9. 1983 möglich. Enttäuscht äußerten sich viele Bürger und Verbände, Politiker, ja selbst die Gemeinde Hetlingen, die Stadt Wedel und der Kreis Pinneberg über diese halbherzige Lösung, die in ihrer Grenzziehung dennoch nicht mehr verändert wurde.

Durch Absinken des Bodenniveaus hinter dem Deich durch Grundwasserentzug wachsen die Gründungspfähle der alten Hatzburg aus dem Boden.

Feuchtgebiet in Wassernot

Nachdem nun die Wasserzufuhr aus der Elbe durch ein acht Meter hohes und 95 Meter breites Bollwerk aus Sand und Klei hermetisch abgeriegelt war, wurde dem Feuchtgebiet Wedeler Marsch auch noch ein zweiter Wasserhahn zugedreht. Im Bereich der Randmoorsenke vor dem Wedeler Geesthang tauchten im Jahre 1980 plötzlich Pfähle auf, die vorher im nassen Milieu des Niedermoorbodens verborgen und gleichzeitig gut konserviert waren. Sie wuchsen förmlich aus dem Boden empor und gaben den Landwirten große Rätsel auf. Archäologen stellten fest, daß es sich um Überreste der alten Hatzburg handelte, einer kulturhistorisch interessanten alten Streitburg aus dem Jahre 1311. Doch warum wuchsen sie plötzlich aus dem Boden? Weitere rätselhafte Phänomene machten den Landwirten Sorgen. Auf ihren Weiden entstanden bis zu zwei Meter tiefe Spalten und Risse, in denen sich Kühe Beine brachen. Ein gerade geborenes Kalb verschwand gar in einem Spalt und wurde nur durch Zufall gefunden. Das Gras wuchs nur noch dürftig und machte die Rinder nicht mehr fett. Mit Geräten waren diese Felder überhaupt nicht mehr zu bewirtschaften, was eine große Wertminderung bedeutete. Des Rätsels Lösung fand sich bald. Infolge einer starken Grundwassersenkung um 1,75 Meter war nach Aussage des Landesamtes für Wasserhaushalt und Küsten der Randmoorstreifen bis zu 60 cm abgesackt. Verursacher waren die Hamburger Wasserwerke, die in der Haseldorfer-Wedeler Marsch verschiedene Brunnen betreiben:

1. Drei Horizontalfilterbrunnen von 30 m Tiefe
2. Sieben tiefe Vertikalfilterbrunnen mit Tiefen von 50 bis 100 m
3. Zwei flache Vertikalfilterbrunnen mit Tiefen von rund 35 m.

Mit wasserrechtlicher Genehmigung hatten die Hamburger Wasserwerke in der Haseldorfer-Wedeler Marsch riesige Wassermengen gefördert. In den Jahren 1970 bis 1973 waren es mehr als 10 Millionen m^3 pro Jahr gewesen, in den darauffolgenden Jahren nur geringfügig weniger.

Als Verursacher für die Austrocknung der Marsch kam neben dem kolossalen Wasserentzug durch Brunnen noch ein weiterer Faktor hinzu. Der Bau des Nebensammlers Süd, der im Jahre 1967 parallel zum Geestfuß verlegt wurde, hatte möglicherweise auch eine Auswirkung auf die Grundwasserabsenkung. Besonders der mit Sand gefüllte Rohrgraben für den Abwassersammler konnte durch seine Drainwirkung zur Ableitung des Grundwasserstromes beitragen und eine Anreicherung des Wasserkörpers in der Marsch verhindern.

Der ehemalige Hauptdeich bei Haseldorf ist heute ein beliebter Wanderweg.

Vom Geheimtip zum Massenerholungsgebiet

Der neue Deich, als Bollwerk gegen den Elbstrom gebaut, erwies sich bald als ideal für den Touristenstrom. Waren vor dem Deichbau nur wenige Wanderer in die Marsch gekommen, meist ausgestattet mit Fernglas, immer aber mit Gummistiefeln, so ermöglichte der neue, trockene Wall mit seinen asphaltierten Deichverteidigungswegen nun jedermann mit jedem Schuhwerk den Zugang. Der Blick von der Deichkrone, wie von einer Tribüne ins weite Land und auf die Elbe mit ihren Schif-

Wo früher Vögel brüteten, sonnen sich heute stadtmüde Menschen. Der einmalige Lebensraum Süßwasserwatt wurde durch eine ungenehmigte Sandeinleitung kleiner.

fen, machte die Trasse sehr schnell beliebt. Besonders an schönen Wochenenden lockte der Deich stadtmüde Ausflügler in Scharen an. Die unmittelbare Nähe zum Wasser und zum Watt brachte ihre Probleme mit sich. Die biologisch aktivste und nahrungsreichste Zone des Wattes liegt in Ufernähe, die Vögel aber, die dieses Schlaraffenland nutzen wollen, werden immer wieder von Besuchern aufgescheucht. Ihre natürliche Fluchtdistanz verhindert die Nutzung eines je nach Art unterschiedlich weiten Wattstreifens von ca. 100 bis 200 m. Eine ähnliche Entwertung erfuhr der Grünstreifen hinter dem Deich, der als Brut- und Äsungsfläche bedeutsam war. So wurde der Lebensraum der Wiesenvögel und Limikolen nicht nur durch die Aufschüttung des 95 m breiten Deiches um über 100 ha verringert, sondern auch durch den verstärkten Naherholungsverkehr entwertet. Hinzu kommt die Tatsache, daß viele Besucher ihre Hunde mitbringen und sie frei laufen lassen. Was für den Hund sicherlich ideal ist, endete für manchen Hasen oder manche Vogelbrut tödlich. Auch Lämmer und Schafe werden seitdem, sehr zum Leidwesen der Bauern, jährlich von Hunden gerissen und Kühe gescheucht.

Modellflugbauer haben ebenfalls sehr schnell das Gebiet und insbesondere die glatten Asphaltpisten in den baumlosen Marschwiesen entdeckt und sie als ideale Start- und Landebahnen für ihre Blechvögel erkannt.

Immer neue Sportboothäfen – hier in der Haseldorfer Binnenelbe – vergrößern das Störungspotential vom Wasser her.

Die brütenden Uferschnepfen oder Austernfischer empfinden den Besuch der lauten Flugkörper, die direkt über ihren Köpfen kreisen, sicher nicht als angenehm. Mancher Brutplatz verwaist, der Lebensraum wird weiter eingeschränkt.

An anderer Stelle entwickelten sich Liegeplätze der FKK-Anhänger, die, obwohl leise, den gleichen Effekt haben. Dann traten die Petrijünger auf den Plan. Das nunmehr tidefreie Flußsystem der Haseldorfer Binnenelbe war eine große Verlockung. Flugs wurde der Angelsportverein Binnenelbe gegründet und beim Amt für Land- und Wasserwirtschaft ein Pachtantrag gestellt. Als dies der Sportangelverein Posenkieker mit seinen 750 Mitgliedern erfuhr, wandte er sich hilfesuchend an den schleswig-holsteinischen Landwirtschaftsminister Flessner und machte als größter Angelsportverein des Kreises Pinneberg seinen Anspruch auf dieses Gewässer geltend. Für die Vögel ist es ziemlich egal, in welchem

Auf den Wiesen sorgen neue Formen der Freizeitbeschäftigung für Störungen bei den vom Aussterben bedrohten Wiesenbrütern.

Verein die Angler organisiert sind, die die Ufervegetation niedertrampeln und allein durch ihre Anwesenheit dafür sorgen, daß ein weiter Umkreis der Uferräume gemieden wird. Nähert sich ein Wanderer einem Gelege, verläßt der Vogel heimlich das Nest, um, wenn die Gefahr vorbei ist, weiterzubrüten. Angler, die häufig den ganzen Tag an einer Stelle verbringen, sind oft die Ursache für das Erkalten von Eiern und die Zerstörung des Geleges, weil sich der Vogel nicht auf sein Nest zurücktraut.

Nicht nur am Wasser, sondern auch auf dem Wasser vollzog sich mit rasantem Tempo eine unheilvolle Entwicklung. Im gleichen Zeitraum, in dem die natürlichen Uferzonen der Elbe durch Deiche und Industrieanlagen zugebaut und die Nebengewässer abgeschottet wurden, stieg die Zahl der Wassersportler stark an. Der Deutsche Seglerverband rechnete mit einer Zuwachsrate von 400%. Angesichts der Tatsache, daß die Segelreviere immer enger wurden, die Großschiffahrt ständig zunahm und viele Flußabschnitte nach dem Motto »Bullaugen zu, hier stinkt's« mehr und mehr gemieden wurden, war diese Entwicklung für die Segler sicher nicht angenehm. Auch das idyllische Segelrevier im Mühlenberger Loch vor der malerischen Kulisse von Blankenese verschlickte nach der Abdämmung der Alten Süderelbe mehr und mehr und konnte nur noch bei Hochwasser besegelt werden. Eine weitere Einengung dieser größten geschlossenen Wasserfläche Hamburgs

Der größte Sportboothafen Europas, der Yachthafen Wedel, an der Mündung der Wedeler Au.

drohte durch die Erweiterung der Flugzeugwerft von MBB.

Auch der Sättigungssgrad in den Häfen war längst erreicht, und immer lauter wurde der Ruf nach neuen Liegeplätzen. Hatten die Segelverbände und die Naturschützer noch Seite an Seite gekämpft, als es um die Erhaltung und den Schutz der Haseldorfer-Wedeler Marsch ging, so fanden sie sich unvermittelt als unversöhnliche Gegner wieder. Die scheinbare Übereinstimmung ihrer Interessen entpuppte sich als Mißverständnis. Wenn die Naturschutzorganisationen Naturschutz sagten, meinten sie die Erhaltung der Lebensräume für die Tier- und Pflanzenwelt. Die Wassersportler verstanden unter dem gleichen Begriff Verteidigung eines nutzbaren Erholungsraumes gegen die Industrie. Plötzlich hatte der Naturschutz einen starken Gegner mehr. Herr Herlyn, Vorsitzender des Dreiländer-Arbeitskreises Elbe im Deutschen Seglerverband (DSV), formulierte den Meinungsumschwung so: »Wir dürfen keine Naturschutzgebiete mehr dulden; denn dort sperren wir uns selber aus.« Wenn auch nicht alle Segler so dachten, so wurde doch der Verteilungskampf um die Restnatur immer unerbittlicher.

Nun war es an den Regierenden zu entscheiden, ob die Bewahrung der letzten Naturräume oder deren Ausbau für die vielfältigen Freizeitansprüche der Bürger der höherrangige Wert war. Wie üblich fand sich am Ende ein fauler Kompromiß. Der Hamburger Yachthafen bei Wedel wurde von 400 auf 1800 Liegeplätze erweitert. Damit war jedoch der Bedarf der 63 hanseatischen Seglervereine mit ihren rund 16000 Mitgliedern noch lange nicht gedeckt. Darum wurde westlich der Wedeler Aumündung, also im Fährmannssander Watt, ein weiterer Liegeplatz für 300 Boote geplant, allerdings wegen vieler Einsprüche hinter das Sperrwerk gelegt. Auch hinter den Sperrwerken Pinnau- und der Krückaumündung sowie in der vordeichs verbliebenen Haseldorfer Binnenelbe entstanden Sportboothäfen, um dem Boom im Wassersport gerecht zu werden.

Das Nachsehen hatte wieder die Natur. Doch auch die Segler wurden mit dieser Entwicklung nicht recht glücklich. Nicht nur für die Tierwelt war die idyllische Ruhe vorbei. Die Skipper fanden mehr und mehr ihre einstmals stillen Paradiese besetzt. Jahre zuvor hatten sie noch alleine in so mancher Bucht gelegen, sich an der Natur erfreut, die Vogelwelt beobachtet und die Einsamkeit genossen. Heute drängen sich hier ganze Bootsflottillen. Die Entwicklung zum Campingplatz auf dem Wasser ist vorgezeichnet. Auf dem Bishorster Sand, der ursprünglichsten Elbinsel, hatte sich ohnehin mit Erlaubnis der zuständigen Behörde ein Zeltplatz entwickelt, der das Rallen- und Rohrsängerparadies nicht wenig beeinträchtigte.

Im Zusammenhang mit den Yachthäfen tauchten bald weitere Probleme auf. Infolge einer raschen natürlichen Verschlickung müssen diese von Zeit zu Zeit ausgebaggert werden, doch wohin mit dem Baggergut? Im Bereich des Yachthafens Wedel wußte man sich zu helfen: Die Behörde für Strom- und Hafenbau hatte, als es um die Erweiterung der Liegeplatzkapazität ging, eine Rohrleitung nach Westen vor den neuen Deich verlegt, die im Fährmannssander Schlickwatt endete. Im Vertrauen darauf, daß es wohl keiner merken würde und daß die nächste Flut das leichte schuffige Material wieder wegtragen würde, sollten 60000 cbm Aushub auf diese Weise in die Elbe zurückbefördert werden. Der Saugbagger erfaßte bei diesen Arbeiten aber eine riesige Sandlinse, die sich zwar genauso über das Spülrohr befördern ließ, jedoch wegen ihres Gewichts wie ein riesiger Pfannkuchen im Schlickwatt liegenblieb. Am 5. 7. 1979 entdeckten Vertreter des Deutschen Bundes für Vogelschutz diese mehrere ha große Sandinsel. Zu Beginn der Elbvertiefung auf 13,5 m hatten die AUN und der DBV gemeinsam mit anderen Verbänden mühsam verhindern können, daß dieses wertvolle Gebiet als Spülfläche in Anspruch genommen wurde. Jetzt mußten sie feststellen, daß ohne Genehmigung der zuständigen schleswig-holsteinischen Behörde ein Teil der kostbaren Kleinlebewelt des Wattes begraben worden war. Schriftlich beantragten sie die Wiederherstellung der vollen biologischen Leistungsfähigkeit, d.h. die Beseitigung des Sandes. Schuldbewußt bemühte sich Strom- und Hafenbau im Verein mit den Verbänden, der Kreisverwaltung Pinneberg und einigen zur Beratung herangezogenen Wissenschaftlern um eine Lösung dieses nicht leichten Problems. Man zeigte guten Willen und entfernte mittels Raupen einen großen Teil der Sandinsel, stieß aber bald an technische Grenzen. Je mehr sich die schweren Maschinen vom Ufer wegbewegten, desto mehr drohten sie im weichen Schlickgrund zu versinken. So blieb der größte Teil des Sandes im Watt liegen. Der Rest wurde am Ufer verteilt, da der Abtransport zu teuer geworden wäre und außerdem keine Fläche zur Verfügung stand, die das wertlose Material hätte aufnehmen können.

Hochspannungsleitungen werden häufig den Vögeln zur Falle, der Wandel der Niederelberegion wird immer deutlicher.

Eine Brandente führt ihre Jungen.

Jagd kontra Vogelschutz

Seit ewigen Zeiten kommen große Scharen nordischer Zugvögel in die angestammten Rast- und Nahrungsgebiete an der Niederelbe, doch auch die Jagd auf Wasserwild hat hier eine lange Tradition. Holte sich früher mancher Landwirt oder Fischer ein Zubrot vom Himmel, so wird die Jagd heute hobbymäßig betrieben.

Nach den gravierenden landschaftsökologischen Veränderungen durch Eindeichungen und Industrieansiedlungen finden Jäger wie Gejagte völlig veränderte Bedingungen vor. Im Gegensatz zu früher kann der Jäger heute jeden beliebigen Platz an der Elbe bequem mit dem Auto erreichen, die Vögel jedoch suchen meist vergebens nach ihren alten Futterplätzen. 80% der zeitweise überfluteten Vordeichsmarschen und Watten sind durch Eindeichungsmaßnahmen verlorengegangen oder durch Industriegebiete und Umwandlung von Grün- in Ackerland zerstört. Die noch erhaltenen Grünlandzonen hinterm Deich weisen völlig andere Kräuter und Futterpflanzen auf, entsprechen also nicht mehr den nahrungsökologischen Ansprüchen der gefiederten Gäste. Was blieb dem Heer der Zugvögel anderes übrig, als sich an den wenigen noch ökologisch intakten Plätzen zu konzentrieren, um ihre für den Weiterflug dringend benötigten Fettreserven aufzubauen. Die Tatsache, daß viele Vogelarten nur ein Viertel des Jahres in ihrer hochnordischen, sonst unter Schnee begrabenen Brutheimat zubringen, die andere Zeit aber an Europas Küsten und Ufern leben, hebt die Bedeutung der letzten intakten Rastflächen. Über den Erfolg oder Mißerfolg mancher Vogelbrut der Tundra wird also bei uns entschieden; denn die körperliche Kondition, mit der die Tiere die Winterquartiere verlassen, ist ausschlaggebend für das Brutgeschäft.

Die wachsenden Ansammlungen von Wat- und Wasservögeln an einigen wenigen Plätzen werden leider häufig falsch interpretiert. Aus Jägerkreisen ist zu hören: »Die Wasservögel haben stark zugenommen!« Besonders die Elbjäger freuen sich über die Konzentrationen des Wasserwildes an bestimmten Uferabschnitten, machen sie doch die Jagd viel effektiver.

Als der Jagdpachtvertrag zwischen den Elbjägerbund und der Wasser- und Schiffahrtsdirektion Hamburg am 31. 3. 1977 auslief, sahen verschiedene Naturschutzorganisationen eine günstige Gelegenheit, diese nach ihrer Einschätzung unzeitgemäße Jagd zu beenden. Dabei ging es den Vogelschützern weniger um die Jagdstrecke als vielmehr um die Tatsache, daß die ständige Beunruhigung der bedeutenden Rast- und Nahrungsgründe den Bestrebungen des Natuschutzes zuwiderläuft. Seine Bemühungen gehen ja dahin, international bedeutsame Feuchtgebiete zum Schutze der bedrohten Arten einzurichten, um ihre Überlebenschance zu erhöhen. Die Anwesenheit von Jägern inmitten des Watts beunruhigt nicht nur jagdbare Arten, sondern die gesamte Palette der Wat- und Wasservögel und mindert die Bedeutung dieses Lebensraumes erheblich.

Der Deutsche Bund für Vogelschutz, Landesverband Hamburg, wandte sich deshalb in einem Schreiben vom 16. 11. 1976 an den zuständigen Bundesverkehrsminister, dem die Prüfung der Umweltverträglichkeit u. a. der Bundesschiffahrtstraße Elbe obliegt, um auf die Gefahren für die Natur aufmerksam zu machen. Auch die Bundesanstalt für Naturschutz und Landschaftspflege, die Deutsche Sektion des Internationalen Rates für Vogelschutz, die Zentralstelle für Wasservogelforschung, der DBV-Landesverband Niedersachsen sowie der Verein Jordsand zum Schutze der Seevögel machten Eingaben beim Minister. Daraufhin lud die Wasser- und Schiffahrtsdirektion Nord die zuständigen Behörden der Länder, den Elbjägerbund und die Vogelschutzverbände zu einem Erörterungstermin. Bei dem Gespräch erwies sich bald die uneinsichtige Haltung insbesondere der WSD und der Elbjäger.

Das Bundesverkehrsministerium versuchte nach dem ergebnislosen Treffen, weiter zu vermitteln und lud die Verbände nach Bonn ein, wo vereinbart wurde, daß der DBV selbst ein Angebot auf die Pachtung der Elbjagd abgeben sollte. Auch das Bundesministerium für Landwirtschaft begrüßte diese Idee, doch über die Zuständigkeit der Ministerien herrschte eine gewisse Unklarheit. Am 28. 11. 1977 bewarb sich der DBV mit zehn Mitgliedern, die über eine langjährige Jagderfahrung verfügten, um die Lizenz der Niederelbejagd, um die Ruhe in den Hauptnahrungsräumen zu garantieren. Doch die Wasser- und Schiffahrtsdirektion Nord entschied sich anders und schloß, alle schwerwiegenden ökologischen Einwände mißachtend, einen erneuten Jagdpachtvertrag mit dem bisherigen Pächter, zunächst allerdings nur bis 31. 3. 1978. Am 3. 4. 1978 wurde ein weiterer Vertrag abgeschlossen, und dieser nun wieder für zehn volle Jahre. Das Bundesministerium für Ernährung, Landwirtschaft und Forsten bedauerte diese Entscheidung und erklärte, daß seine geringe Einflußmöglichkeit dies nicht haben verhindern können. Das Hobby von 180 Elbjägern war höher bewertet worden als die Erhaltung eines Feuchtgebietes von internationaler Bedeutung!

Inzwischen war der Elbjägerbund auf Druck dem Landesjagdverband Hamburg beigetreten, und da sich Jäger stets als die besten Naturschützer bezeichnen, versuchte der DBV Hamburg, sie nun bei der Ehre zu packen. Er wandte sich an die Landesjagdpräsidenten von Hamburg, Niedersachsen und Schleswig-Holstein in der Hoffnung, vielleicht von ihnen Unterstützung zu erhalten und die Elbjagd zu beenden. In dem Schreiben vom 1. 7. 1977 hieß es u. a.:

»Während die Naturschutz- und Vogelschutzverbände in Übereinstimmung mit den zuständigen Institutionen wie Vogelwarten, Bundesforschungsanstalt und Internationaler Rat für Vogelschutz der Auffassung sind, daß die Elbregion durch die starke Umwandlung der letzten zehn Jahre eine zusätzliche Belastung durch die Jagd nicht mehr verträgt, möchte der Elbjägerbund alle sachlichen Argumente vom Tisch wischen, die international bedrohten Feuchtgebiete weiterhin durch Bejagung zu entwerten.

Sollte der Elbjägerbund die Unterstützung der übrigen Jägerschaft erfahren, stellt sich uns die Frage, wie dies mit dem hohen Anspruch der Jäger vereinbar ist, die besten Naturschützer zu sein. Die Jägerschaft hätte diesen Anspruch besser unterstreichen können, wenn sie sich in die Front der Naturschutzverbände eingereiht hätte, die mit großem Engagement gegen die Zerstörung der Niederelblandschaft gekämpft haben.

Auf absolutes Unverständnis stößt es bei den Verbänden, wenn die ornithologisch relevanten Regionen, die aufgrund ihres uneigennützigen Einsatzes gerettet wurden, jetzt durch die egoistischen Interessen von 180 Elbjägern in ihrem Wert erheblich gemindert werden.

Das neue Bundesjadgesetz verpflichtet zur Hege. Bei einer reinen Wasserjagd ohne Einbeziehung der Uferbereiche ist eine Hege weitgehend unmöglich. Der Abschuß von Möwen und Krähen ist hier belanglos. Er erfolgt während der Jagdsaison, hat also auf die Zugvögel der Uferzonen keinen Einfluß. Da sich zu dieser Zeit besonders viele Saatkrähen im Elbraum aufhalten, die auf der Roten Liste stehen, könnten sich Hegebemühungen sogar ins Gegenteil verkehren.

Fütterungen sind nicht sinnvoll, da Enten und andere Durchzügler, wenn die Nahrungsbedingungen ungünstig werden, sowieso die Elbregion verlassen.

Hege des Wasserwildes bedeutet heute vorwiegend die Erhaltung und Schaffung von Brut- und Rastlebensräumen. Gestaltungsmöglichkeiten dieser Art sind im Wasser nicht möglich. Als einzige wirksame Hege bleibt die Vermeidung jeglicher Störungen und die Erhaltung der noch annähernd natürlichen Uferbereiche.

Die Forderung nach absoluter Jagdruhe auf der Unterelbe hat nichts mit einer unreflektierten Jagdfeindlichkeit zu tun. Diese Forderung ist rein sachlich begründet. Es geht um die letzten und damit lebensnotwendigen Rastgebiete, die dem gesamten Wasserwild Nordeuropas bei uns zur Verfügung stehen. Die Einsicht in solche großräumigen Zusammenhänge, die es erfordert, daß man über die engen Reviergrenzen hinausschaut, sollte in einer Zeit rasanter Naturverarmung zum Maßstab und zur Grundlage waidgerechten Denkens und Handelns werden.

Wir bitten daher die Jägerschaft, dafür zu sorgen, daß die Elbjagd eingestellt wird.«

Eine Antwort auf dieses Schreiben blieb leider aus. Die Schießereien gingen weiter, und zwar gerade in der Zone des Watts, die vom Touristenstrom auf dem Deich nicht beeinträchtigt wurde. Die Natur- und Vogelschützer konnten jetzt nur noch auf eine Jagdruhe durch eine entsprechende Naturschutzverordnung hoffen. Aufgrund des Einspruch des Elbjägerbundes und der Wasser- und Schiffahrtsdirektion Nord gegen ein Jagdverbot traute sich das Ministerium für Ernährung, Landwirtschaft und Forsten nicht zu, klar zu entscheiden, sondern behielt sich vor, jährlich neu über Jagd oder Jagdruhe zu befinden. Daran änderte auch ein Schreiben vom Landesamt für Naturschutz und Landschaftspflege in Kiel nichts mehr, in dem noch einmal deutlich gemacht wurde, daß die Jagd in diesem Gebiet einen Störfaktor ersten Ranges bedeutet, der unter keinen Umständen geduldet werden könne.

Währenddessen ging die Kritik an der Elbjagd weiter und kam teilweise selbst aus den eigenen Reihen. Der Kreisjägermeister des Kreises Pinneberg, Graf von Kielmannsegg, Seestermühe, stellte lakonisch fest: »Die Elbjäger ernten, ohne zu säen«, und machte damit sehr deutlich, daß das erste Gebot des Jägers, die Hege, hier nicht durchführbar ist.

Die Naturschutzverbände formulierten ihren Unmut über die Zustände noch einmal in einem Schriftstück mit dem Titel »Vogelmord in Norddeutschland«, in dem es u.a. heißt: »Bei der Wasservogeljagd an der Elbe wird auf Vögel geschossen, die in anderen Teilen Europas aufgewachsen sind. Die Vögel dienen nur als lebende Zielscheiben für ein sportliches Schießen. Obwohl kein normaler Jäger am Futterplatz Wild schießen würde, findet die Wasservogeljagd hauptsächlich an den größten Futterplätzen statt.

Durch die Bejagung werden die Tiere dauernd aufgescheucht und die Fluchtdistanz hochgehalten. Durch die Ausweichflüge wird Energie verbraucht, die an kurzen und kalten Tagen im Winterhalbjahr kaum zu ersetzen ist. Die hohe Fluchtdistanz führt dazu, daß auch die weniger geeigneten Nahrungsgebiete nicht mehr vollständig und überhaupt erst ab einer bestimmte Größe genutzt werden können.

Eine ganz wesentliche Umweltgefährdung stellt schließlich die Bleiverseuchung der Feuchtgebiete durch Schrotkugeln dar.

In Dänemark wurden beispielsweise Untersuchungen angestellt, wonach jährlich genausoviel Bleischrot verschossen wird, wie durch Autoabgase Blei ausgestoßen wird. Die im Schlamm flacher Gewässer konzentrierten Bleikugeln werden von den Entenvögeln beim Gründeln aufgenommen, von Magensteinchen zermahlen, und durch Sekrete wird das giftige Metall so weit aufgelöst, daß es in die Blutbahn gelangt. Die Vergiftung führt zu Gewichtsverlusten der Vögel, Leberschäden, Blutarmut, Muskelerschlaffung und Lähmungserscheinungen. Fünf Schrotkugeln sind für eine Ente innerhalb von vier Wochen absolut tödlich. Bei drei Schrotkugeln beträgt die Verlustrate in dieser Zeit noch 90%, schon ein Schrotkorn läßt 60% der Tiere verenden.«

Auf die ungeheuren Gefahren des Giftes aus der Flinte wies wenig später auch der STERN (Heft 6, 1985) in einem Artikel hin. In ihm heißt es: »Auch wenn Jäger danebenschießen, können sie Wasservögel töten. Die Tiere vergiften sich mit gefressenen Schrotkugeln. Mehrere hundert Tonnen des giftigen Schwermetalls schießen Deutschlands Jäger alljährlich in Form kleiner Schrotkugeln in die Umwelt. Womöglich fordern die Fehlschüsse mehr Opfer unter den Wasservögeln als die Treffer. Enten, Gänse und Schwäne nehmen, wenn sie auf Nahrungsuche im Flachwasser gründeln, kleine Steine als Verdauungsmittel auf oder was sie dafür halten. Immer häufiger geraten sie an Bleischrot, vor allem in häufig bejagten Feuchtgebieten. Das giftige Blei wird mithin über Felder und Wiesen vertreut, reichert sich im Boden an und taucht in der menschlichen Nahrung wieder auf. Prof. Peter Berthold von der Vogelwarte Radolfzell am Bodensee sagt dazu: ›Es ist untragbar, daß auf diese Weise Jäger auf Kosten der Umwelt ihrem Vergnügen nachgehen dürfen.‹«

Für den Zwergschwan (oben) wurde die Starkstromleitung zur Vogelfalle. Die Ente (unten) wurde Opfer der Botulismus-Epidemie.

Vom Vogelparadies zur Todesfalle

Die direkte Verfolgung durch die Elbjagd sollte nicht die einzige Bedrohung für die Vogelwelt sein. Als große Gefahrenquelle erwiesen sich auch die beiden Hochspannungsleitungen, die im Bereich Lühesand – Haseldorfer Marsch die Elbe queren. Bedingt durch die Leitlinienwirkung der Elbe auf den Vogelzug, verläuft das Zuggeschehen entlang des Stromes besonders intensiv. Unter den Vögeln gibt es Tagzieher, Nachtzieher und einige Arten, die sowohl nachts als auch am Tage ziehen. Wenn nicht gerade sehr schlechte Sichtbedingungen, z.B. durch Nebel, herrschen, haben die Tagzieher die Chance, die Leitung zu erkennen und auszuweichen. Für die Nachtzieher ist diese Chance sehr viel geringer. Die Bündel der dicken Leitungsdrähte sind in 70 bis 220 m Höhe über die Elbe gespannt, unglücklicherweise in der Hauptflughöhe der meisten Zugvögel. Dieser Falleneffekt fordert viele Opfer. Genaue Verlustquoten lassen sich nicht ermitteln, da die verletzten Tiere meist ins Wasser fallen und mit unbekannter Todesursache irgendwo ans Ufer gespült werden. Rückschlüsse auf den Blutzoll lassen sich nur durch Untersuchungen am Festland ziehen, wenngleich hier der Vogelzug weitaus schwächer verläuft.

Anläßlich einer Untersuchung des Vogelzugs an der höchsten Erhebung Schleswig-Holsteins, dem Leitungsmast auf der Hetlinger Schanze, wurde im November 1977 auch ein ca. 1 km langer Wiesenstreifen unter der Leitung kontrolliert. Obwohl im November die Hauptzugzeit längst vorüber ist, wurden in knapp einem Monat noch 13 durch Drahtanflug verunglückte Vögel gefunden, darunter so seltene wie Zwergschwan, Singschwan und Wasserralle. Die tatsächliche Zahl der Leitungsopfer muß jedoch weit höher angenommen werden, da kleinere Kadaver in der hohen Vegetation leicht übersehen werden. Außerdem ist bekannt, daß Füchse und andere aasfressende Kleinsäuger regelmäßig des Nachts die gleiche Strecke nach verletzten Tieren absuchen und diese entweder gleich auffressen oder forttragen. Selbst so große Vögel wie Schwäne waren regelmäßig morgens angefressen und am nächsten Tag kaum wiederzufinden. Vergleichsuntersuchungen unter Hochspannungsleitungen in Holland, die unter günstigeren Kontrollbedingungen durchgeführt wurden, zeigten neunmal höhere Verlustraten. Über dem Elbstrom, besonders zur Hauptzugzeit, müssen die Verluste außerordentlich hoch sein.

Überboten wurde das Massensterben von Vögeln in den warmen Sommern der Jahre 1982 und 1983 durch eine neuartige »Zivilisationskrankheit der Natur«, Botulismus genannt.

Es handelt sich dabei um eine Vergiftung durch ein Stoffwechselprodukt der Bakterie Clostridium botulinum, die unter bestimmtenn Bedingungen ein starkes Nervengift erzeugt und Lähmungen verursacht. Die Bakterien sind im Erdboden und in den Gewässern weit verbreitet, nur ist die Produktion von Nervengift aus früherer Zeit kaum bekannt. Erst die Umweltbedingungen der letzten Jahre schufen die Voraussetzungen für diese neuartige Erscheinung.

Voraussetzung sind Temperaturen von über 15 Grad Celsius (ideal sind Temperaturen von 25–30 Grad) sowie absolute Sauerstofffreiheit und Eiweißstoffe als Nährmedium. Diese Bedingungen waren offenbar im Fährmannssander Watt gegeben, denn die Ufer waren gesäumt mit toten oder sterbenden Vögeln. Im Sommer 1982 waren es einige tausend, im Jahre 1983 mindestens vierzigtausend.

Die Aufnahme geringer Giftmengen kann schon zum Tode führen denn das Botulismus-Toxin ist eines der wirksamsten biologischen Gifte und sogar als Kampfstoff in der biologischen Kriegsführung bekannt. Ein Gramm reines Gift kann theoretisch 10 Millionen Menschen töten. Seine Wirkung setzt je nach Giftmenge nach wenigen Stunden ein. Der Tod erfolgt meist durch die Lähmung der Atemmuskulatur. Die am Elbufer der Wedeler Marsch sterbenden Tiere zeigten keine Abwehrreaktionen mehr. Die meisten waren bereits bewegungsunfähig. Es handelte sich in erster Linie um Gründelenten oder langschnäbelige Limikolen, die ihre Nahrung bevorzugt aus dem Schlickwatt holen. Mit 71,5% am stärksten betroffen war die Krickente, eine Art, die auf der Roten Liste der vom Aussterben bedrohten Vogelarten steht und bekanntermaßen hier ihr zweitgrößtes Rastgebiet in der Bundesrepublik hat. Die Stockente hatte mit 17,4% ebenfalls einen großen Anteil an den Opfern.

Unter den insgesamt 54 betroffenen Vogelarten gab es auch einige, die sich erst über den Verzehr der Kadaver oder der Fliegenmaden, die sich schnell einstellten, infiziert haben können, wie z.B. Greife, Singvögel oder Ratten und Steinmarder. Es ist zwar bedauerlich, daß unter den Opfern so stark bedrohte Arten wie der Kampfläufer mit

Durch die Schaffung eines künstlichen Prieles im Fährmannssander Watt soll versucht werden, den Wasseraustausch zu erhöhen und dadurch die Botulismus-Gefahr einzudämmen.

59, die Bekassine mit 123 und die Spießente mit 92 Totfunden waren, bei der Krickente aber erreichte die Verlustrate schon eine populationsdynamisch bedenkliche Größenordnung. Nach vorliegender Literatur umfaßt die bei uns durchziehende Population grob gerechnet ca. 200000 Exemplare. Die Brutverbreitung erstreckt sich über Skandinavien, Polen und die UdSSR bis hin nach Westsibirien. Wenn man bedenkt, daß allein in der Wedeler Marsch weit über 20000 tote Krickenten gefunden wurden und auch das größte Krickentenrastgebiet, der Dollart, Botulismusopfer in beträchtlicher Höhe aufwies, wird deutlich, daß schnelle Abhilfe erforderlich ist.

Dies wurde auch im Ministerium für Ernährung, Landwirtschaft und Forsten in Kiel so gesehen, doch die angedachten Maßnahmen fanden in Naturschutzkreisen keine Gegenliebe. Zeitungsmeldungen zufolge hatte man die geniale Idee, die Schlickwattfläche einfach aufzuspülen. Dies hätte den Botulismustod mit Sicherheit beseitigt, doch wäre gleichzeitig eines der bedeutendsten Feuchtgebiete begraben worden. Auch die Idee, das Watt umzupflügen, wurde zum Glück nicht verwirklicht. Statt dessen wurde im Herbst 1984 ein künstlicher Graben geschaffen, der eine bessere Durchflutung und damit einen größeren Wasseraustausch gewährleisten sollte. Der Erfolg dieser Maßnahme ist zweifelhaft, da die Gräben sehr schnell wieder verflachen und zuschlicken. Die Anregung des DBV, das Gebiet mit sauerstoffreichem Wasser zu berieseln, wurde nicht aufgegriffen, und so blieb zunächst nur als praktikable ausbreitungshemmende Sofortmaßnahme das Einsammeln der gelähmten und toten Tiere. Viele Vögel sterben in schwer zugänglichen, dekkungsreichen Schlickwattzonen und werden erst nach Tagen ans Ufer gespült. In der Zwischenzeit könnnen sich Möwen, Bussarde, Rohrweihen und andere an ihnen infizieren. Die eingesammelten Kadaver dürfen nicht eingegraben werden, da dies eine jahrelange Bodenverseuchung nach sich ziehen würde. Sie werden in einem Container auf dem Gelände des Klärwerks Hetlingen gesammelt. Auch das Einsammeln ist nicht ungefährlich, da verschiedene Gifttypen des Botulismus für Menschen höchst gefährlich sind. Die Kadaver dürfen daher auf keinen Fall mit bloßen Händen angefaßt werden. Durch das regelmäßige Absammeln haben sich die Vertreter des DBV und des Elbjägerbundes verdient gemacht und eine stärkere Verbreitung der Seuche verhindert.

Der naßkalte, verregnete Sommer 1984 war für die Vogelwelt im Fährmannssander Watt ein Glück. Für eine erneute Botulismus-Toxin-Produktion waren die Voraussetzungen sehr ungünstig, und so war die Verlustquote stark rückläufig. Die eigentlichen Ursachen der Krankheit sind sehr komplexer Natur. Maßgeblich beteiligt sind mit Sicherheit organische und thermische Gewässerbelastungen sowie wasserbauliche Maßnahmen. Durch die Abwassereinleitung von gleich zwei Klärwerken in umittelbarer Nähe des Fährmannssander Elbwattes kommt es zu verstärktem Pflanzenwuchs und besonders an warmen Tagen zu einer damit verbundenen starken Sauerstoffzehrung, die die Grundvoraussetzung für den Botulismus bildet.

Neben dem Botulismus wurde bei der Untersuchung der Tierkadaver noch eine weitere Todesursache festgestellt. Verschiedene Vögel wiesen Rotlaufbakterien auf. Die Krankheit ist als Schweineseuche bekannt, kann aber auch andere Tiere befallen, wobei das Krankheitsbild sehr ähnlich ist: Die Tiere sind schwach, plustern sich auf und bekommen Nasenfluß und Durchfall. Welche Faktoren das Auftreten dieser Krankheit im Watt begünstigen, ist noch unbekannt.

Vom Fluß zum Abwasserkanal

Nachdem festgestellt wurde, daß Zivilisationskrankheiten nicht nur Menschen, sondern offenbar auch ganze Ökosysteme befallen können, soll den Ursachen näher auf den Grund gegangen werden.

Die Tatsache, daß es auch früher schon sehr warme Sommer gegeben hat, ohne daß es zum Massentod von Vögeln kam, zeigt, daß es sich jetzt um ein neues Phänomen handelt, das mit der neuen Umweltbelastung zusammenhängen muß. Was aber hat sich im Raum Haseldorfer-Wedeler Marsch verändert? Vor der Eindeichung durchfloß ein kräftiger Priel das Buhnenfeld, in dem die meisten Botulimusopfer gefunden wurden. Der Wasseraustausch war dadurch erheblich größer, Sauerstoffmangel weit seltener. Sogar Boote fuhren ein und aus bis zum kleinen Hetlinger Hafen, dessen Reste heute hinterm Deich verlanden. Ein weiterer ganz erheblicher Negativfaktor für den Wasseraustausch ist die Vertiefung der Elbe auf 13,5 m und andere Manipulationen des Strombettes.

Die Folge ist eine weit größere Fließgeschwindigkeit, verbunden mit einem beinahe 1 m höheren Tidenhub. Legt man die Pegelstände von 1850 zugrunde, hat sich der Tidenhub sogar um 1,5 m vergrößert. Dadurch läuft die Flut um rund 30 cm höher auf, der Ebbewasserstand aber liegt um 1,20 m niedriger als früher, und das Watt fällt entsprechend länger trocken. Von den tieferliegenden ufernahen Bereichen fließt das Wasser nicht mehr ab und bildet über längere Zeiträume flache Stillwasserzonen, die sich sehr stark erwärmen. Dies sind die Brutkammern des Botulismus. Es fehlt nur noch die Nährlösung aus wasserlöslichen organischen Stoffen und Eiweiß. Diese wird von zahlreichen Klärwerken an der Elbe frei Haus geliefert. Es gibt sogar noch Einlaßsiele, die gänzlich ungeklärte Kloake in die Elbe leiten. Das Gemisch aus Haushalt und Industrie des Großraumes Harburg wurde bis 1983 direkt in die Elbe geleitet. Seitdem sind einige Teile dieses Stadtgebietes an eine Kläranlage angeschlossen.

Die Verschmutzung der Elbe durch Schiffahrt und Industrie verschlechtert die Lebensbedingungen der Tierwelt.

Das Klärwerk Köhlbrandthöft in Hamburg gilt – gemessen an seinem Abwasservolumen – als der größte Nebenfluß der Elbe. Sein Klärschlamm wurde bis vor kurzem vor der Elbmündung in die Nordsee verklappt, um mit der nächsten Flut wieder den Weg gen Heimat anzutreten.

Der zweitgrößte Nebenfluß und zugleich das zweitgrößte Klärwerk Schleswig-Holsteins auf der Hetlinger Schanze entläßt seine Abwässer etwa 165 m von der Uferlinie entfernt unmittelbar vor dem Schlickwattfeld mit den höchsten Botulismusopfern. Seine Abwasserfahne verbindet sich mit der Suppe des Klärwerks Lühesand, das geradewegs auf der anderen Seite der Elbe liegt. Es entwässert das Alte Land, und so schaukeln eng umschlungen im Rhythmus der Gezeiten die Abwässer aus Schleswig-Holstein und Niedersachsen vor dem Fährmannssander

Das Klärwerk Hetlingen ist ein wichtiger Beitrag zur Verbesserung der Wassergüte. Doch die vorgeklärten Abwässer, die in die Elbe gepumpt werden, sind immer noch höchst brisant.

Elbwatt hin und her, um sich auch noch mit der Großstadtkloake aus Hamburg zu verbrüdern. Eine derartige Konzentration, noch angereichert mit einer brisanten Brühe aus der Industrie, übersteigt die Leistungsfähigkeit der natürlichen Kläranlage Süßwasserwatt. Der Ort, wo sich die Elbe erholen könnte, bedarf selber dringend einer Kur. Die Tatsache, daß man im Klärwerk Hetlingen von dem Klärwerk auf der anderen Seite auf Befragen gar nichts wußte, macht nachdenklich. Es zeigt, daß wir von einer länderübergreifenden Planung oder einem Gesamtlastplan der Elbe noch weit entfernt sind.

Dabei war die Einzelentscheidung für den Bau des Klärwerks Hetlingen gewiß richtig und lobenswert. Pinnau, Krückau und Wedeler Au zählten in den 60er Jahren zu den am stärksten verschmutzten Gewässern in der Bundesrepublik. Dreißig Städte und Gemeinden nutzten die Flüsse als Vorfluter und Abwasserkanäle zur Elbe. Als 1963 der Generalplan zum Bau eines Abwassersammlers mit Zentralklärwerk an der Elbe aufgestellt wurde, war jedermann – und besonders die Naturschützer – sehr erfreut. Träger der Maßnahme wurde 1965 der Abwasserzweckverband Pinneberg. Sein Einzugsgebiet, ca. 40 mal 25 km groß, umfaßte die Kreise Pinneberg, Segeberg, Steinburg und einen Teil der Hansestadt Hamburg. Heute sind ca. 400000 Einwohner an die 140 km lange Freigefälleleitung angeschlossen, die etwa 80000 cbm Abwasser täglich in die Elbe befördert. Der Standort auf dem künstlichen Spülfeld südlich Hetlingen, das ohnehin als Fremdkörper in der Marsch liegt, war gut gewählt. Als 1973 die erste Ausbaustufe des Klärwerkes in Betrieb genommen wurde, half sie durch ihre Geruchsbelästigung mit, den geplanten Wasserpark zu verhindern. Das Geruchsproblem ist heute einigermaßen gelöst.

Die häuslichen und gewerblichen Abwässer werden in einer mechanischen und einer biologischen Stufe gereinigt und der anfallende Klärschlamm thermisch aufbereitet. Bei der im Bau befindlichen Erweiterung soll dem Verlangen nach einer weitergehenden Reinigungsleistung Rechnung getragen und auch eine Denitrifikationsstufe eingerichtet werden.

Man erhofft sich, wenn diese Anlage 1987 fertiggestellt sein wird, eine Reinigungsleistung, gemessen an der Sauerstoffzehrung, von 97%. Eine Stufe zum Ausfällen der Phosphate ist nicht vorgesehen, und auch andere chemische Reinigungsmöglichkeiten hält man wegen der Vielzahl der chemischen Stoffe für nicht durchführbar. Zur Zeit wird die Reinigungsleistung mit 85 bis 90% angegeben. Die Angabe ist insofern irreführend, als die chemischen Stoffe aus Haushalt und Industrie dabei keine Berücksichtigung finden. Schwer vorstellbar ist die Masse an Klärschlamm, die anfällt und abgefahren werden muß. Zur Zeit sind es 60 Tonnen täglich, doch nach der weiteren Ausbaustufe wird der Anfall erheblich steigen.

In den ersten Jahren gab es keine Probleme mit dem Abtransport. Die Landwirte in der Seestermüher Marsch waren dankbare Abnehmer. Sie ließen kostenlos die Beetgräben verfüllen; denn nach dem Deichbau stellten sie ihre Betriebe auf Ackerbau um. So vergrößerten sie ihre Anbauflächen erheblich und wurden die störenden Gräben los. Über die Gifte im Klärschlamm machte man sich damals noch keine Gedanken. Ärgerlich waren nur die Bauern in der Haseldorfer und Wedeler Marsch, die durch Verträge gezwungen waren, die Grünlandnutzung beizubehalten. Zur Klärschlammbeseitigung stand bis 1981 auch noch eine Kiesgrube bei Appen-Etz als Ausweichfläche zur Verfügung. Doch es kam der Tag, da diese und auch die Beetgräben voll waren. Da verfiel man auf die grandiose und wegen der kurzen Transportwege vor allem kostengünstige Idee, die umliegenden Marschflächen um einen Meter aufzuhöhen.

Zum Glück reichte ein kurzer Proteststurm, um diesen Plan vom Tisch zu fegen, wäre doch das international bedeutende Feuchtgebiet nicht länger feucht geblieben. Die Alternativen erwiesen sich als erheblich teurer. Der Schlamm wird heute ca. 90 km weit auf eine Deponie bei Damsdorf, kurz vor Plön, gebracht. Es laufen außerdem Verhandlungen mit der DDR; denn bald ist auch diese Grube voll.

Der Würgegriff der Chemie

Die Abwässer aus den Klärwerken sind gewiß alles andere als Trinkwasser. Gemessen an der giftigen Schmutzfracht, die von der Industrie in die Elbe geleitet wird, sind sie jedoch eine harmlose Tunke.

Die Entwicklung vom Kalabrien des Nordens zum Ruhrpott an der Unterelbe verlief gar zu stürmisch, planlos, ungehemmt und unkoordiniert. Aus einer verträumten, ökologisch intakten Flußlandschaft wurde in kurzer Zeit ein Industriekanal, gesäumt von rauchenden Schloten, Atomkraftwerken, Kugeltanks, Destillationstürmen, Schmelzofenhallen, konventionellen Kraftwerken und einer gewaltigen Rotschlammdeponie. Das Nebeneinander ehrgeiziger Industrialisierungspläne machte die Unterelbe zu einer der Hauptproblemregionen in der Bundesrepublik.

Bürgerprotest vermochte zwar den Raum der Haseldorfer Marsch von solchen Projekten freizuhalten, doch unmittelbar gegenüber, auf dem anderen Elbufer, wuchs eine gigantische Industriekulisse empor. Noch ehe die Ansiedlungsflächen auf dem Stader-Bützflether Sand als Industriegebiet ausgewiesen waren oder Flächennutzungspläne existierten, wurden die Betriebe angesiedelt. Bereits 1972 wurde das Kernkraftwerk Bassenfleth-Stade in Betrieb genommen. Dieser erste Druckwasserreaktor an der Elbe (662 MW) schuf die Voraussetzung für die Ansiedlung energieintensiver Grundstoffindustrien. Die Einleitung seines Kühlwassers erhöht die Botulismusgefahr und trägt zur Wärmeüberlastung der Elbe bei.

Neben diesem Werk leiten auch drei konventionelle Kraftwerke (Wedel, Stade, Brunsbüttel), das Kernkraftwerk Brunsbüttel sowie einige chemische Großindustrien ihr aufgeheiztes Kühlwasser in die Unterelbe. Der mehrmals beobachtete Zusammenbruch des biologischen Gleichgewichts, kurz »Umkippen« genannt, hängt eng mit der thermischen Überlastung der Elbe zusammen. Trotz dieses alarmierenden Zustandes sind weitere Kernkraftwerke in dieser Region geplant oder im Bau.

Im Industriezentrum Stade entstanden aber nicht nur Kraftwerke. Auf einem 140 ha großen Gelände bauten die Vereinigten Aluminiumwerke (VAW) eine Anlage, in der jährlich 60000 t Aluminium hergestellt werden. In der Endausbaustufe soll die vierfache Menge produziert werden, doch die Flurschäden, die von diesem Werk aus-

Industrieansiedlungen auf dem niedersächsischen Elbufer; die Zwergschwäne davor äsen auf der schleswig-holsteinischen Seite.

gehen, sind schon heute so groß, daß zahlreiche Landwirte im Bützflether Raum entschädigt werden müssen. Das aggressive Fluor-Wasserstoff-Gas, das man nicht sieht und nicht riecht, ist hochgefährlich und hat auch an den Bäumen der Haseldorfer-Wedeler Marsch eindeutige Spuren hinterlassen. Bei den vorherrschenden Südwestwinden schlägt sich das Gift vorwiegend in der Haseldorfer Marsch nieder, aber auch die riesigen Baumschulgebiete von Pinneberg, Uetersen und Elmshorn fürchten langfristig um ihre Existenz. Etwa 7 km von der Aluhütte entfernt, wiesen Weidenblätter 1977 nur 18 ppm Fluor (18 Teile Fluor auf 1 Million Teile Trockenlaub) auf, 1979 waren es schon 80 ppm. Auf dem Pagensand, nur 1,5 km entfernt, waren im Herbst 1979 bereits 278 ppm im Weidenlaub. Die Bäume reagieren darauf zunächst mit rostigen Stellen an den Blättern, den sogenannten Blattnekrosen. Längerfristig geht der Ernteertrag bei Obstbäumen zurück, das Wachstum wird beeinträchtigt, das Laub früher abgeworfen; der ganze Baum kümmert, bis er stirbt.

Wegen der starken Fluor-Emissionen wurde die Aluminiumhütte Reynolds in Hamburg durch Gerichtsbeschluß gezwungen, die Produktion zu drosseln. Ein Gladiolenzüchter hatte das Werk verklagt und nicht nur Schadenersatz erstritten, sondern auch dafür gesorgt, daß nur mit zwei Drittel der Kapazität weitergearbeitet werden durfte, was nach Angaben des Werkes einen Verlust von vier Millionen DM monatlich bedeutete.

Die VAW hat noch eine Tochter, die AOS (Aluminium-Oxyd-Stade), die mit Hilfe von Natronlauge Aluminium-Oxyd herstellt. Bei der derzeitigen Jahresproduktion von 600000 t fallen als Abfallprodukt 400000 cbm Rotschlamm ab, die auf einer fast 100 ha großen Fläche im Bützflether Moor deponiert werden. Die Halde aus Eisen-, Aluminium-, Titan-, Kalzium- und Natrium-Oxydverbindungen wird das Moor bald um 10 m überragen.

Vor dem Gelände von Dow-Chemical werden wegen der Verätzungsgefahr Wassersportler durch entsprechende Verbotsschilder davor gewarnt, zu nahe ans Ufer zu fahren. Durch das Einleiten von 24000 t Kühlwasser stündlich und mit Salzen, Natronlauge und chlorierten Kohlenwasserstoffen angereicherten Abwässern ist eine einige 100 m breite und zwei Kilometer lange Todeszone entstanden. Im Werk werden täglich 1000 t Chlor produziert, das in Kugelbehältern gelagert wird. Wegen eines Chlorgasausbruches mußte die Schiffahrt auf der Elbe schon einmal für Stunden eingestellt werden. Bei der betroffenen Bevölkerung kam es durch dieses starke Atemgift zu heftigen Beschwerden. Die Zerstörung eines dieser Flüssiggas-Kugelbehälter z. B. durch Sabotage hätte bei entsprechender Windrichtung die Evakuierung ganz Schleswig-Holsteins zur Folge (Stader Tageblatt v. 3. 1. 1976). Weitere Bauanträge der DOW, z. B. für eine Phenol-Anlage, liegen vor. Ein werkeigenes Erdgas-Kraftwerk und »Air Products« zur Stickstoffherstellung sind in Betrieb. Dazu kommt ein Industrieanleger für Schiffe bis zu 65000 BRT, die durch ihre brisante Fracht eine weitere Gefahrenquelle für die Elbe mit sich bringen. Bei zahlreichen Schiffsunglükken ist es in der Elbe zu schweren Beeinträchtigungen gekommen. Am spektakulärsten war das Auseinanderbrechen der »Afran Zenith«, deren Ölfah-

Nach dem Leckschlagen der »Afran Zenith« breitete sich eine Ölfahne aus, die auch das Fährmannssander Watt beeinträchtigte.

nen sich bis ins Fährmannssander Elbwatt ausbreiteten, was für die Wattfauna entsprechende Folgen hatte und zahllose Vögel verölte.

Es würde zu weit führen, entfernter liegende Industriegebiete an der Niederelbe näher zu beschreiben, wenngleich auch sie einen schädlichen Einfluß auf das Ökosystem der Wedeler-Haseldorfer Marsch ausüben. Es darf aber nicht versäumt werden, darauf hinzuweisen, daß selbst Industrien in fernen Regionen diesen Raum erheblich belasten. So kommt die industrielle Abwasserlast der DDR und der CSSR ungefiltert über die Elbe in die Bundesrepublik und belastet die biologische Lebenssituation der Fische und Pflanzen auf bedrohliche Weise. Die Arbeitsgemeinschaft zur Reinhaltung der Elbe hat die Wassergüte des Flusses beim Eintritt in die BRD über Jahre untersucht und dabei unglaubliche Giftkonzentrationen festgestellt.
So kommen täglich

64 kg Quecksilber, 94 kg Cadmium,
233 kg Kupfer, 166 kg Blei,
9383 kg Zink, 187 kg Arsen und
436 kg Chrom

die Elbe herunter. Ferner fließen jährlich 50000 t Ammonium und über 5 Millonen Tonnen Salze mit der Elbe über die Grenze. Im Hamburger Hafen wird diese Giftbrühe durch zahlreiche industrielle Einleitungen weiter angereichert. Die Konzentrationen an giftigen Metallen im Elbschlamm steigen entsprechend. Allein am Grunde des Hafens sollen weit über 12000 t Schwermetalle in zum Teil abbauwürdigen Mengen liegen. Der Anteil an Quecksilber, Zink, Kupfer und Cadmium wächst stark, während der Gehalt an Blei und Chrom im Sediment nur langsam zunimmt.

Bei alledem muß man sich wundern, daß in der kranken Elbe überhaupt noch Leben ist. Erstaunlicherweise hat sich das Artenspektrum der Fische nur geringfügig verändert. Daß einige Arten ausgestorben sind, ist noch nicht einmal auf die Verschmutzung des Flusses allein zurückzuführen. Der Stör verschwand bereits etwa 1890, zu einer Zeit, in der die Elbe noch gesund war. Der wohlschmeckende Kaviar führte damals zu einer starken Verfolgung und totalen Überfischung. Ähnlich erging es dem Lachs, der noch bis etwa 1930 in größerer Zahl gefangen wurde. Heute kann man auch Schnepel, Zährte und Maifisch als ausgestorben betrachten, doch 14 bis 16 Arten haben bis heute überlebt. Dennoch ist die Elbfischerei, die noch bis vor wenigen Jahren eine wesentliche Rolle spielte, fast ganz zum Erliegen gekommen. Wurden beispielsweise vor 1918 ca. 9840000 kg Fisch in der Unterelbe gefangen und mit 1200 Booten dem hauptberuflichen Fischfang nachgegangen, so holen die letzten sieben Elbfischer ihre Fänge lieber aus der Nordsee oder dem Elbmündungsbereich.

Die Fische sind zwar noch da, aber sie sind krank wie die Elbe selbst. Der Rückgang der Elbfischerei liegt also an der enormen Qualitätsverschlechterung der gefangenen Fische, die vor allem im Phenolgeschmack zum Ausdruck kommt. Ein anderes Indiz ist die starke Zunahme von Fischkrankheiten. Elbaale werden immer häufiger von der sogenannten Blumenkohlkrankheit befallen, einem Hauttumor, der, ausgehend von Mund und Nase, den ganzen Kopf überwuchert und schließlich die tägliche Nahrungsaufnahme unmöglich macht. Bis zu 28% der im Sommer gefangenen Tiere wie-

Selbst im stark verschmutzten Elbwasser leben noch Fische; ihr Verzehr ist allerdings nicht zu empfehlen.

sen in den letzten Jahren solche Geschwülste auf. Der Elbbutt leidet mehr unter Hautgeschwüren und offenen Entzündungsherden, die Stinte unter Bläschen an den Flossen. Auch die in der Nordsee registrierten Fischkrankheiten bilden eine erschreckende Liste, besonders häufig sind Flossenfäule, Tumore und Skelettdeformationen. Die Berufsfischer müssen teilweise ein Drittel ihrer Fänge wieder über Bord werfen, da die sichtbar geschädigten Fische nicht vermarktbar sind.

Das Veterinäruntersuchungsamt für Fische in Cuxhaven fand heraus, daß fast die Hälfte aller Aale mehr Quecksilber enthalten, als nach den gesetzlichen Höchstwerten erlaubt ist. Das gleiche gilt für überhöhte Gehalte an chlorierten Kohlenwasserstoffen und Hexachlorbenzol, das bei den meisten Aalen aus der Elbe gleich zwanzigmal höhere Werte als erlaubt aufwies. Die Schwermetallgehalte bei Fischen sind in den letzten Jahren allgemein angestiegen. Aale dürfen in der Elbe zwar noch gefangen werden, seit dem 3. 2. 1981 ist ihr Verkauf jedoch verboten. Wegen der hohen Quecksilberwerte ist ihr Verzehr zu gefährlich, die Verwendung als Fieberthermometer wäre sinnvoller. Schon geringe Mengen Quecksilber täglich können Erfahrungen aus Japan zufolge katastrophale Gesundheitsschäden nach sich ziehen.

Das in den letzten Jahren vermehrt auftretende Massensterben der Fische in der Elbe ist eher die Folge der schlechten Sauerstoffbedingungen und

Grünlandwirtschaft ist den Landwirten in diesem Gebiet vorgeschrieben. Sonst wären die Wiesen und Weiden vielleicht schon wie andernorts in Ackerland umgewandelt.

weniger auf die vielen Krankheiten zurückzuführen.

Die Verfrachtung chemischer Schadstoffe über Ländergrenzen, ja selbst über Kontinente hinweg geschieht nicht nur auf dem Wasserwege. Die Schadstoffeinträge über die Atmosphäre liegen größtenteils noch weit höher. Die Summe der in der Luft schwebenden giftigen Stoffe und Gase wird heute auf die Kurzformel »saurer Regen« gebracht. Seine Folgen sind an den Bäumen der Marsch bereits deutlich ablesbar.

Landwirtschaft im Wandel oder Grün ist nicht gleich Grün

Auf den ersten Blick hat sich – abgesehen vom neuen Deich – das Bild der Haseldorfer-Wedeler Marsch kaum verändert. Wie früher tummeln sich Rinder und Pferde auf saftigen Weiden, und auch die Wiesen zeigen sich in kräftigem Grün.

Doch Grün ist nicht gleich Grün. Die Qualität des Grüns hat sich verändert. In den Augen der Landwirte sogar zum Vorteil; denn das Grün ist kalkulierbarer geworden und nach betriebswirtschaftlichen Interessen steuerbar. Seitdem die Winterstürme nicht mehr für Überschwemmungen sorgen, sind die Wiesen und Weiden viel länger nutzbar und der Wasserstand nicht mehr durch Ebbe und Flut bestimmt, sondern durch Sielbauwerke und Schleusen. Die Betriebsflächen können dadurch ganzjährig befahren und Wirtschaftsdünger selbst im Winter ausgebracht werden. Die durch die Eindeichung möglich gewordene Intensivierung der Grünlandnutzung, insbesondere der Rindviehhaltung und des Futterbaues, kommen den Bauern sehr zugute.

Anders als der Bauer sieht der Botaniker die Entwicklung eher negativ. Für ihn ist seit der Eindeichung der Reiz der Vielfalt verschwunden. Die zunehmende Bewirtschaftungsintensität führte zum Artenschwund. Künstliche Düngung fördert nur bestimmte Pflanzenarten, andere werden totgedüngt. Durch Herbizideinsatz werden besonders die als Nahrung und natürliche Apotheke der Tiere so wichtigen Kräuter vernichtet. Mit jeder Pflanzenart verschwinden zehn bis fünfzehn, zumeist wirbellose Tierarten, die spezielle Pflanzen als Futter benötigen. Der Einsatz von Pestiziden vergrößert diesen Aderlaß weiter und verringert damit zugleich die Nahrungsgrundlage der Insektenfresser. Die Beweidung gefährdet auch den für Schleswig-Holstein einmaligen Schachblumenbestand; denn auch Kühe haben an diesen schönen wohlschmeckenden Blumen Gefallen gefunden. Der Vertritt durch Weidevieh erhöht die Gefährdung für die Schachblume weiter.

Noch bevor der Deich geschlossen war, stellte Dr. K. Meisel vom Institut für Vegetationskunde in Bonn-Bad Godesberg auf Grünlandflächen am Fuße des Geesthanges einen starken Rückgang von Feuchtezeigern fest, was auf

Die Intensivierung der Landwirtschaft und ihre Folgen kann der aufmerksame Wanderer überall erkennen.

die bereits erwähnte hohe Grundwasserentnahme durch die Hamburger Wasserwerke zurückzuführen war. Bei einem Vergleich von Probeflächen in den Jahren 1968 und 1976 bemerkte er eine deutliche Abnahme einer Reihe von Futtergräsern sowie des Wiesenschaumkrautes, des Hornkrautes, des Löwenzahns, des Scharfen und Kriechenden Hahnenfußes sowie des Sauerampfers. Diese anspruchslosen Arten waren durch höhere Düngergaben zurückgedrängt worden, die die Landwirte offensichtlich auf ihre Wiesen gebracht hatten, um den Rückgang der Erträge auszugleichen. Einige Pflanzen erleiden durch die Konkurrenz von durch Düngung höher wachsende Arten Lichtmangel und verschwinden.

Herr Dr. Raabe, der bereits im Jahre 1975 eine umfangrreiche Vegetationskartierung durchgeführt hatte, wiederholte seine Untersuchung im Jahre 1979, also drei Jahre nach der Eindeichung. Schon nach dieser kurzen Zeit stellte er so gravierende Veränderungen in der Vegetation fest, daß er aus botanischer Sicht die Naturschutzwürdigkeit in Frage stellte, die er doch nach der ersten Untersuchung so begeistert unterstrichen hatte. Insbesondere die interessante Gruppe der an den Tidenhub angepaßten Pflanzenarten war schlagartig verschwunden. Trotz der bekannten Trägheit, mit der Pflanzengesellschaften auf sich ändernde Bedingungen reagieren, zeigten auch die Pflanzen der Wiesen und Weiden besonders im Mitteltidenhochwasserbereich schon nach kurzer Zeit einen deutlichen Trend zur Verarmung. Als wichtigste Ursache für den Rückgang der Artenzahl sah Dr. Raabe neben der Bewirtschaftungsintensität die Absenkung des Grundwasserspiegels um mehrere Dezimeter. Dadurch wurde es möglich, ehemalige Hochstaudenrieder und Reetbestände in Weideflächen umzuwandeln. An die Stelle von Großseggen und Wasserschwadenriedern waren inzwischen ertragreiche Wirtschaftswiesen getreten.

Die Krautflora und sogar die Schachblumenbestände leiden in letzter Zeit verstärkt unter der sich ausweitenden Silagewirtschaft. Sie ermöglicht frühere und häufigere Mahd, erfordert aber einen verstärkten Einsatz von Düngegaben und vor allem von Herbiziden. Die unterschiedliche Bewirtschaftungsweise läßt sich leicht an den von Flurstück zu Flurstück wechselnden Wiesenblumenbeständen ablesen. Auf einigen Flächen drehen sich die Schachblumen auf merkwürdige Art und kümmern dahin, während Kräuter teilweise schon ganz verschwunden sind.

Der zum Glück in der Haseldorfer-Wedeler Marsch noch nicht praktizierte Extremfall der Wiesenbewirtschaftung ist der Umbruch einer bunten Blumenwiese und die anschließende Einsaat einer einzigen schnellwüchsigen Grassorte. Das so erzielte Einheitsgrün ist in den Augen des arglosen Betrachters zwar immer noch grün, doch die so entstandene Monokultur ist eine biologische Wüste.

Der kurzzeitige Triumph der Ökonomie über die Ökologie erfordert ständig weitere Maßnahmen, die sich auf das Ökosystem ungünstig auswirken.

Die Tierwelt reagiert – bedingt

Die vierbeinigen »Rasenmäher« sind für die Pflege der Deiche unentbehrlich (oben); Uferschnepfen sind seit der Eindeichung immer seltener geworden (unten).

Zwergschwäne sind Wintergäste aus dem hohen Norden.

durch ihre größere Beweglichkeit – schneller und sensibler auf Umweltveränderungen. Der Zwergschwan beispielsweise, der früher gern in den Flachwasserschlenken die auch im Winter grünen Flutrasenarten fraß, ist heute nur noch außendeichs anzutreffen, da seine Futterpflanzen hinterm Deich verschwunden sind. Er findet nur noch in der letzten nennenswerten Vordeichsmarsch, dem Twielenflether Sand, sowohl ihm gemäße Nahrungsbedingungen als auch einen ausreichend großen Abstand zu den belebten Deichen und Wegen. Die fehlenden Überschwemmungen im eingedeichten Grünland haben nicht nur die Lebensbedingungen der Pflanzenwelt verändert, sondern den Lebensraum insgesamt gravierend umgewandelt. Säugetiere hatten zuvor keine Chance, dieses Gebiet zu besiedeln. Sie drangen bestensfalls vorübergehend in die Randzonen am Geesthang vor. Jetzt stand ihrem Vordringen nichts mehr im Wege. Der Schanzenbauer ist seitdem abends, wenn er früher längs Feierabend hatte, des öfteren mit der Büchse unterwegs; denn der Neubürger Fuchs hat Gefallen an seinen Hausgänsen gefunden. Die zunehmende Zahl von Wanderratte, Hermelin und Igel wirkt sich zudem auf den Bruterfolg der Wiesenvögel aus. Greifvögel indes, wie Turmfalke, Bussard und auch Eulen, die früher hier nur als Durchzügler gesehen wurden, jagen heute ganzjährig auf Mäuse.

Am schlimmsten aber ist die Einwanderung von Wühlmaus und Maulwurf, die früher nur in geestnahe Wiesenbereiche vordrangen. Eine intensive und effektive Grünlandbewirtschaftung erfordert die Einebnung der Erdhaufen und Gänge durch Walzen und Schleppen. Da dies gerade zur Brutzeit der Wiesenvögel geschieht, sind die Folgen katastrophal. Kaum ein Wiesenvogelgelege, das nicht durch diese landwirtschaftliche Maßnahme zerstört wird. In der Regel ist der Bruttrieb so groß, daß ein Nachgelege erfolgt. Beim Umzug auf die Nachbarwiese ist jedoch die Gefahr sehr groß, daß die Nester noch einmal unter die Walze oder Schleppe geraten.

Selbst wenn sie diesem Schicksal entgehen, ist die Chance für eine erfolgreiche Jungenaufzucht gering. Die fehlenden Überschwemmungen und die Grundwasserabsenkung ermöglichen es, das Grünland früher im Jahr mit schweren Maschinen zu befahren. Da eine schnellere Bodenerwärmung in diesen heute trockeneren Wiesen im Verbund mit größeren Düngergaben den Graswuchs stark fördert, kommt es zu weit früheren Mähterminen. Selbst wenn die Jungen des Zweitgeleges bereits geschlüpft sind, haben sie bei den modernen Kreiselmähern kaum eine Chance zu entkommen. Sie schneiden das Gras so dicht über dem Boden, daß auch das Ducken nichts nützt. Auf einer nicht gewalzten Wiese gibt es viele Bodenunebenheiten, die zumindest bei der Anwendung der alten Spindelmäher, die nicht so tief einstellbar waren, einen großen Teil der jungen Nestflüchter mit dem Schrecken davonkommen ließen.

Das schnellere und höhere Aufwachsen der Vegetation allein zwingt schon in vielen Fällen Grünlandvögel zur Auf-

Das erste Junge des Teichhuhngeleges ist geschlüpft (Bild oben).

Der Kibitz ist der einzige Wiesenbrüter, der seinen Bestand halten konnte.

gabe ihres angebrüteten Geleges, da die offene Sicht verlorengeht. Kiebitze z.B. vertragen eine maximale Vegetationshöhe von 6 bis 8 cm an ihren Niststandorten. Für die Jungvögel kann überdies das durch Mineraldünger immer dichter werdende Gras zu einem undurchdringlichen Hindernis werden und den Weg zu den Nahrungsgründen im Watt versperren. Vogelarten, die ihre Nahrung auf den Wiesen selbst erbeuten müssen, finden auf den botanisch artenarmen Hochleistungswiesen kaum noch Insekten oder deren Larven. Sie benötigen also viel mehr Zeit für die Nahrungssuche. Diese Zeit fehlt ihnen bei naßkaltem Wetter, wenn sie sich von ihren Eltern wärmen lassen müßten, um nicht zu verklammen. Bei ungünstiger Witterung wird der Teufelskreis zwischen Verhungern oder Erfrieren dadurch immer enger.

Die Wiesenbrüter, die ihr Nest auf einer Weide anlegen, haben etwas günstigere Bedingungen, doch im Vergleich zu früher hat sich ihre Situation auch verschlechtert. Da sich die Produktionsflächen kaum vergrößern lassen, muß bei dem Zwang zum betrieblichen Wachstum, dem auch die landwirtschaftlichen Betriebe unterliegen, die Beweidung intensiviert werden. Das bedeutet: öfter und mehr düngen, mehr Vieh und frühere Auftriebszeiten. Eine Verdichtung des Viehbestandes im Verbund mit einer längeren Beweidung bedeutet aber für die Bodenbrüter mehr Unruhe und größere Verluste von Gelegen durch Huftritt.

Alle Faktoren zusammengenommen haben die Wiesenbrüter in eine bestandsbedrohende Situation gebracht. Siedlungsdichteuntersuchungen in den Jahren 1977 bis 1980 und 1984 ergaben folgende erschreckende Bilanz:

Löffelenten gehören zu den Charakter-Arten der Elbmarschen.

Revierpaare	1977/80	1984
Rotschenkel	60	30 – 35
Uferschnepfe	60	27 – 30
Bekassine	35 – 40	3 – 4
Austernfischer	10	10
Kampfläufer	5 – 10	1 – 3
Wachtelkönig	1 – 3	0
Schafstelze	35	9 – 12
Braunkehlchen	1	0
Kiebitz	200	210

Der Austernfischer erweist sich allgemein als eine sehr anpassungsfähige Art, die hier besonders von der großen Vogelschutzzone an den Kleiteichen profitiert, in der die Gefahren der landwirtschaftlichen Intensivnutzung ausgeschlossen sind. Die erfreuliche Stabilität in der Brutpopulation des Kiebitz ist überraschend, da gerade diese Art in anderen Bereichen infolge Lebensraumzerstörung besonders stark rückläufig ist. Vielleicht ist aber gerade dies zugleich die Erklärung. Wenn der Vorjahresbrutplatz z.B. am Rande der Stadt durch Bebauung oder andere Eingriffe gänzlich verschwunden ist, muß ein optimal erscheinender Ersatzlebensraum gefunden werden. Auf diese Art kann sich die Haseldorfer-Wedeler Marsch zu einem Flüchtlingslager entwickelt haben oder – besser gesagt – zur „neuen Heimat" der Kiebitze.

Der Rückgang der Wiesenvögel ist über längere Zeiträume kaum bemerkbar. Durch tradionelle Bindung an den Brutplatz besiedeln die Vögel auch bei schlechter werdenden Umweltbedingungen immer wieder das gleiche Gebiet. Erst wenn die natürliche Lebenserwartung dafür sorgt, daß die Altvögel von einem Jahr zum anderen ausbleiben, die über Jahre keinen Nachwuchs mehr großgezogen hatten, kann der Brutplatz plötzlich verwaisen und eine örtliche Population binnen kurzem zusammenbrechen.

Beim Rotschenkel ist auffallend, daß in dem im Verhältnis zum übrigen Gebiet winzigen Außendeichsbereich Twielenflether Sand ebenso viele Paare brüten wie in der ganzen Restfläche. In der Überschwemmungszone ist der Schlickboden weit dichter mit Getier besiedelt und zugleich weicher. Der lange Stocherschnabel der Limikolen kann leichter und tiefer eindringen und findet ungleich mehr Nahrung. Das ist wohl der Grund, weshalb die Wiesenvögel zuerst die ausgetrockneten Geesthangzonen verließen. Auch der übrige Rückzug vollzog sich nach dem

Muster von Jahresringen von der Geest in Richtung Deich. Heute sind fast nur noch die Wiesen und Weiden unmittelbar hinter dem Deich besiedelt, da der Weg zum Nahrungsraum Außendeichsmarsch oder Watt hier besonders kurz ist.

Die Abnahme der Bruterfolge und der dadurch bedingte Rückgang der Wiesenvögel aufgrund intensiverer Landbewirtschaftung ist nicht auf unser Gebiet beschränkt. In der ganzen Bundesrepublik und in den angrenzenden Ländern ist eine bestandsbedrohende Entwicklung zu verzeichnen. In manchen Gebieten ist der Rückgang sogar noch weit stärker als in den Elbmarschen. Wenn nicht umgehend massive Schutzmnaßnahmen eingeleitet werden, steht das Überleben mancher Art in Frage. Einige Bundesländer haben bereits Wiesenbrüterschutzprogramme aufgestellt, deren Verwirklichung jedoch mit großen Kosten verbunden ist. Nur extensive Grünlandnutzung kann die Restbestände der Wiesenvögel stabilisieren, doch den Nutzungsausfall darf nicht der Landwirt tragen. Seine finanzielle Einbuße muß durch uns alle, durch unsere Gesellschaft, ausgeglichen werden, wenn wir wollen, daß unsere Enkel noch Uferschnepfen, Rotschenkel und Bekassinen erleben können.

Rotschenkel, Kampfläufer, Säbelschnäbler und Graugänse.

Für den Deichbau wird Kleiboden in großen Mengen abgegraben.

Ökologische Ausgleichsfläche durch Kleientnahme

Bereits Anfang 1975 forderte der Deutsche Bund für Vogelschutz – Landesverband Hamburg –, die für den Deichbau notwendigen Kleientnahmestellen nicht zu einem Erholungspark für Menschen, sondern zu einem ökologischen Ersatzlebensraum für Vögel zu entwickeln. Im Herms-Gutachten 1976 wurde diese Forderung neu formuliert und präzisiert. Die Gestaltung sollte nach ornithologischen Gesichtspunkten erfolgen, um bedrohten Vogelarten eine Überlebenschance zu geben. Bei der großflächig zu erwartenden Zerstörung von Feuchtlebensräumen in diesem ökologisch so bedeutsamen Gebiet waren Politiker und Behörden bald bereit, die Gestaltungsideen des Herms-Gutachtens aufzugreifen und damit gleichzeitig die Vogelschutzorganisationen zu beruhigen.

Der ökologische Lendenschurz geriet jedoch zunächst reichlich kurz. Bis Juli 1977 wurde zwischen Giesensand und Fährmannssand für Nachbesserungsarbeiten noch Kleie entnommen. Ende August sollten dann die Rekultivierungsarbeiten in Angriff genommen werden. Noch bevor es dazu kam, teilte die Tiefbaufirma Nolte mit, daß infolge unvorhergesehener Mehrkosten nur noch wenig Geldmittel für die Gestaltungsmaßnahmen zur Verfügung stünden, man aber bemüht sei, dennoch, soweit dies technisch und finanziell möglich wäre, nach dem Herms-Gutachten zu arbeiten. Das Ergebnis war ernüchternd. Erstens war noch nicht einmal die Hälfte der Fläche bearbeitet worden, und zweitens hatte man die ökologische wichtigste Herms-Forderung, die Schaffung von Flachwasserzonen und flachen Uferböschungen, nicht erfüllt. Statt dessen waren in guter Wasserbauermanier Steilufer wie bei einem Goldfischteich in der Grünanlage entstanden. Die brutbiologisch so wichtigen Inseln hatte man ganz außer acht gelassen. Bei dieser lebensabweisenden technischen Bauweise war das Gestaltungsziel, ökologische Ausgleichsfläche für verlorengegangene Feuchtbiotope, weit verfehlt.

Bei den Verbänden brach ein neuer Sturm der Entrüstung los, und besonders der DBV Hamburg forderte weitere Geldmittel, um die Gestaltung in ornithologischem Sinne weiterzuführen. Zur Schaffung eines optimalen Lebensraumes für Wat- und Wasservögel wurde nach den bisherigen Erfahrungen gefordert, daß ein Fachmann die weiteren Maßnahmen überwacht und bei den Erdarbeiten direkt vor Ort entsprechende Anweisungen gibt. Tatsächlich wurde im Jahre 1978 noch einmal Geld eingeworben, um weitere Erdbauarbeiten auszuführen und vor allem den noch gänzlich ungestalteten Westteil im Sinne des Herms-Gutachtens zu formen. Der Autor selbst wurde beauftragt, die Arbeiten der Firma Nolte zu überwachen und die Raupen- und Baggerführer entsprechend anzuleiten. Auf diese Weise wurden die Arbeiten im September 1978 auf dem bundeseigenen Flurstück 4 der Gemarkung Hetlingen zu einem befriedigenden Ergebnis geführt. Noch während der Baggerarbeiten wurden die Flachwasserzonen und flachen Böschungen von großen Vogelschwärmen angenommen. Doch der östliche Teil der Kleientnahmestelle blieb für die Vogelwelt weiter unattraktiv und daher für die Vogelfreunde ein Ärgernis. Besonders der zentrale Teil, in dem nach vorliegender Planung eine Beobachtungshütte für Betreuer und Besucher erstellt werden sollte, konnte so nicht bleiben.

Die zweite Kleientnahmestelle in der Haseldorfer Marsch hatte noch gar keine Nachgestaltung erfahren. Weitere Briefe des DBV hatten schließlich Erfolg. Der Landrat Hebisch des Kreises Pinneberg beauftragte mich, die Vorschläge zur Gestaltung der noch ausstehenden Flächen in der Haseldorfer und Wedeler Marsch zu machen und eine detaillierte Planung vorzulegen. Am 15. März 1979 wurden die Pläne abgegeben, wonach im Bereich der Kleiteiche Fährmannssand die steilen Uferböschungen auf 300 m Länge durch Ausschieben von zwölf flachen Buchten nachgearbeitet werden sollten, wobei die Neigungswinkel der Uferböschungen 1:10 anzulegen waren. Um auch die späteren Flachwasserzonen in diesem Sinne formen zu können, war eine vorübergehende Absenkung des Wasserspiegels erforderlich.

Die Kleientnahmestellen füllten sich mit Wasser und wurden durch entsprechende Gestaltungsmaßnahmen zu Ersatzlebensräumen für die Vogelwelt.

Der Aushub, der nicht ins Wasser geschoben wurde, sollte für eine Verwallung verwendet werden, um den Zugang zu der geplanten Beobachtungshütte zu ermöglichen, ohne daß die Wasservögel gestört werden. Zusätzlich war ein kleiner separater Flachwasserteich vorgesehen, um insbesondere den Amphibien ein optimales Laichgewässer zu schaffen.

Die Gestaltungsmaßnahme am Kleiteich in der Haseldorfer Marsch war problematischer, weil die Kleie bis dicht an die Flurstücksgrenzen abgegraben worden war. Der benachbarte Landwirt wollte verständlicherweise von seiner Fläche nichts abgeben, und so blieb für eine buchtenreiche Flachuferlinie kein Raum. Um trotzdem eine ökologische Gestaltung möglich zu machen, gab es noch einen Ausweg: Das Nordufer grenzte an eine ehemalige Bandweidenkultur, die nicht mehr genutzt wurde. Da Baumkulissen gerade für die bedrohten Vogelarten der offenen Wiesenlandschaft eher nachteilig sind und ihren ohnehin immer enger werdenden Lebensraum unnötig verkleinern, wurde vorgeschlagen, das Weidendickicht zu entfernen. In dem dadurch gewonnenen Gebiet konnten die Gestaltungsmaßnahmen durchgeführt werden und ein neuer Feuchtbiotop entstehen.

Die Umsetzung der Entwicklungspläne erfolgte nach der Brutzeit im Herbst 1979. Einzig die steilen Inseln im Ostteil der Kleientnahme waren noch nicht zur Zufriedenheit der Vögel und der Vogelfreunde. Der DBV entschloß sich daher zu einer Sonderaktion. Da man schweres Gerät nicht auf die Inseln bringen konnte, traten am 15. 3. 1980 über hundert tatkräftige Na-

Jährlicher Pflegeeinsatz des DBV auf den Inseln der Kleiteiche.

turfreunde mit Schaufel und Spaten an, um die Uferböschungen per Hand nachzuarbeiten. Bei dieser Gelegenheit wurden auch gleich notwendige Biotop-Pflegemaßnahmen durchgeführt, d.h., die Hochstaudenvegetation gemäht und das Mähgut abgefahren.

Seit 1978 bemühte sich der DBV – Landesverband Hamburg – um einen langfristigen Pachtvertrag, damit die dringend notwendige Betreuung des Gebietes möglich wurde. Die Zweckbestimmung »Lebensraum für Pflanze und Tier« war in Frage gestellt, als Angler, Badegäste und andere Besucher immer häufiger wurden. Zur Unterzeichnung der lange vorbereiteten Verträge kam es wegen verschiedener Unstimmigkeiten erst am 11. 6. 1980 für das 10,50 ha große Flurstück 33 – Flur 4 – in der Gemarkung Wedel und für das 7,22 ha große bundeseigene Flurstück 4 – Flur 9 – in der Gemarkung Hetlingen am 23.3.1981. Die Verträge und Nutzungsabsprachen galten rückwirkend ab 1. 1. 1980. Seit diesem Zeitpunkt wurde auch ein Vogelwärter eingesetzt, der zunächst provisorisch in einem Campingwagen untergebracht wurde. Er sollte Störungen vom Gebiet fernhalten und die Entwicklung der Vogelschutzzone beobachten und aufzeichnen.

Nicht wenig erstaunt war der Vogelwärter, als plötzlich am Kleiteich ein Jäger erschien und mit der größten Selbstverständlichkeit Jagd auf Enten machte. Als er zur Rede gestellt wurde, holte er einen Jagdpachtvertrag mit mehrjähriger Laufzeit aus der Tasche, der kurz zuvor abgeschlossen war. Diese Art der Doppelverpachtung –

einmal für den Vogelschutz und zum anderen zur Vogeljagd – ist zwar kein Einzelfall, der DBV wollte sich aber an dieser bedeutsamen Ausgleichsfläche mit der widersprüchlichen Lage nicht zufriedengeben. Nach bestehender Rechtslage konnte man allerdings nur auf das Verständnis des Jägers hoffen. Der Jagdpächter indes war kaum zu Zugeständnissen bereit. Nur zwischen dem 15. 11. und dem 15. 1. des Jahres, wenn sowieso kaum noch Enten im Gebiet sind, wollte er die Jagd einschränken, nicht jedoch auf die Wildgänse, die gerade im Winterhalbjahr im Gebiet rasten.

Als einer der Pächter des Kleiteiches konnte der DBV jetzt das langgeplante Projekt »Beobachtungshütte« vorantreiben. Anders als der Jäger traute sich der Vogelwärter kaum an die Wasserflächen, da das Vogelvolk jedesmal in Aufruhr geriet. Um einen Überblick über das Brutgeschehen in dieser neuen Wasserwildnis zu bekommen, waren eine Hütte und Beobachtungsstände notwendig, die man auf gedeckten Pfaden erreichen konnte. Verwallungen, zwischen denen man von den Wasservögeln ungesehen an das Ufer gehen konnte, waren bereits vorhanden, doch sie führten ins Leere. Beobachtungsgebäude existierten nur auf Architektenzeichnungen, ihre Finanzierung war ungeklärt.

Bereits im November 1978 hatte eine Delegation des DBV – Landesverband Hamburg – mit einigen Vertretern des amtlichen Naturschutzes aus Hamburg und Niedersachsen England bereist, um die vorbildlichen Schutz- und Beobachtungseinrichtungen der dortigen Vogelschutzorganisationen kennenzulernen. Sie brachten eine Fülle wertvoller Anregungen, auch über das künftige Management des Gebietes, mit nach Hause. Aber die Umsetzung der Ideen, und vor allem der Bau der Beobachtungsstation, stieß auf unerwarteten Widerstand. Als man begann, die reifenden Pläne sowie die Erfahrungen aus England in der Öffentlichkeit vorzustellen, bildete sich eine Bürgerinitiative gegen das Projekt und besonders gegen jegliche Baumaßnahmen. Aus unerklärlichen Gründen befürchteten sie ein Disneyland in der Marsch, eine Peepshow für Vogelfreunde oder gar eine Entenfarm. Gerade als endlich ein Geldgeber gefunden war, machten sie mit Zeitungskampagnen Stimmung gegen die Beobachtungsstation, und der Verein Naherholung im Umland Hamburg e.V. zog, weil sich die Naturschützer uneins waren, seine Fördermittel zurück. Es bedurfte vieler Gespräche und einer großen Überzeugungskraft, die Ängste dieser Handvoll Bürger, die sich lautstark artikuliert hatten, zu dämpfen und ihre Argumente zu entkräften. Die Planung für das Beobachtungsgebäude und eine Vogelwärterunterkunft wurde dem Verein Naherholung ein Jahr später erneut vorgelegt, diesmal wurden zwar die Mittel bewilligt, beim Finanzierungsumfang jedoch erhebliche Abstriche gemacht. Neue Überlegungen waren erforderlich, um mit einem geringeren Finanzvolumen dennoch eine annehmbare Lösung zu finden.

Das Kreisbauamt Pinneberg übernahm die Planung, löste sich aber leider weitgegehnd von den Entwürfen des DBV. Heraus kam statt eines speziell für diesen Zweck erdachten rustikalen Gebäudes, das sich tief in die flache Landschaft einschmiegte, ein normales Fertigblockhaus, das weithin sichtbar die Sichtschutzwälle überragt. Diese negative Wirkung wird auch durch das grüne Grasdach kaum abgemildert. Aus einem Beobachtungsraum

Am 31. August 1984 wurde die naturkundliche Beobachtungs- und Informationsstation eingeweiht, das Hermann-Kroll-Haus.

mit niedrigen Fenstern, groß genug für eine Schulklasse, wurde ein normales Wohnzimmer mit unnötig hohen Fenstern. Die Wälle, die dicht ans Haus bis unter die Fenster gezogen werden sollten, wurden weit entfernt angelegt, so daß das Haus schon – um überhaupt den Blick aufs Wasser freizugeben – hoch hinausgebaut werden mußte. Diese Art der Wallgestaltung machte außerdem häßliche Flechtzäune erforderlich, damit der Besucher überhaupt zu den Beobachtungsplätzen gelangen konnte, ohne vorher alle Vögel zu verscheuchen. Alles in allem sicher keine Ideallösung, aber Naturschützer sind es seit langem gewöhnt, wie Stiefkinder behandelt zu werden und auch kleine Erfolge groß zu feiern. Nach dem Motto: »besser als gar nichts«, war man dem Verein Naherholung im Umland Hamburg e.V. für die Finanzierung dieser Einrichtung sehr dankbar. Schließlich war ein wichtiges Ziel auf einem langen, beschwerlichen Weg erreicht, denn ohne Vogelwärterunterkunft ist eine sinnvolle Betreuung des Gebietes kaum durchführbar, und ohne Beobachtungsstände kann man den stadtmüden Bürger nicht an die Natur heranführen. Gerade dies aber ist in Verbindung mit einer Informationsschau das Ziel der Anlage.

Heute hat man Gelegenheit, Vögel, die man sonst nur punktgleich in der Ferne oder gar nicht zu sehen bekommt, aus nächster Nähe zu betrachten, ihre Schönheit zu bewundern und allerlei Wissenswertes über die ökologischen Zusammenhänge in ihrem Lebensraum zu erfahren. Dies unmittelbare Naturerlebnis schafft, so hofft man, ein neues Verhältnis zur Kreatur und weckt das Verständnis für deren Nöte. Sollte es gelingen, auf diese Weise einige neue Freunde für die Marsch zu gewinnen und das Umweltbewußtsein einiger Bürger zu schärfen, hat diese Einrichtung ihren Zweck erfüllt. Um mit der Umwelterziehung möglichst früh zu beginnen und einige Defizite im Biologieunterricht der Schulen auszugleichen, werden für Klassen spezielle Unterrichtseinheiten vorbereitet. Darüber hinaus sollen die ökologischen Veränderungen des Raumes wissenschaftlich untersucht und festgehalten werden.

Das Artenspektrum der Vögel hat sich gerade an den Kleiteichen binnen weniger Jahre bereits verschoben. Der künstliche Lebensraum mit gleichmäßigem Wasserstand und sehr unterschiedlichen Wassertiefen fand schnell neue Freunde. Noch während der Gestaltungsmaßnahmen siedelten sich an der ca. 10,7 ha großen Wasserfläche Teichhuhn, Bläßhuhn, Haubentaucher, Reiherente und Flußregenpfeifer an. Als die Flachufer fertig waren, kam erfreulicherweise sogar der seltene Säbelschnäbler dazu. In der Brutzeit 1982 waren 7 Paare dieses imposanten Vogels mit dem nach oben gebogenem Schnabel im Gebiet. Als neue Brutvögel stellten sich außerdem Brandgans, Schnatterente und Zwergtaucher ein. Am Kleiteich Hetlinger Schanze hat sich sogar auf einer Insel eine Uferschwalbenkolonie gebildet. Typische Wiesenvögel wie Rotschenkel, Uferschnepfe, Austernfischer und Bekassine blieben ihrem alten Brutgebiet treu. Sie fühlen sich in diesem nur extensiv bewirtschafteten Grünland offensichtlich sicherer. Die Kampfläufer haben ihre bekannte Treue zum traditionellen Balzplatz erneut unter Beweis gestellt. Auf den Resten ihrer Lieblingsarena, dem alten Sommerdeich, der jetzt nur noch inselartig aus dem Kleiteich ragt, werden nach wie vor bevorzugt ihre Schauturniere ausgetragen.

Die insgesamt 15 Inseln haben sich überhaupt als wichtiges Landschaftselement entwickelt. Sie bieten neben sicherem Brutraum auch günstige Nahrungsbedingungen. Außerdem haben sie sich zu einem bevorzugten Hochwasserrastplatz für Limikolen, Enten und Möwen entwickelt, die bei Ebbe im nahegelegenen Fährmannssander Watt ihre Nahrung suchen.

Will man die Bedeutung der Inseln und Flachuferzonen erhalten, bedarf es einer regelmäßigen Pflege. Da die Inseln aus den Resten der alten Baustraßen und damit aus künstlich eingebrachtem kiesigem Erdreich bestehen, hat sich hier eine für die Marsch untypische, sehr hohe Vegetation ausgebreitet, besonders häufig sind Brennesseln, Disteln und Weiden. Da die Marschvögel Hochstaudenfluren meiden, muß in jedem Jahr der hohe Pflanzenwuchs beseitigt werden. Am Außenufer der Kleiteiche besorgen dies die Kühe. Auf den Inseln, wo die Rinder nicht hingelangen, muß der Mensch diese Aufgabe übernehmen. In jedem Jahr werden vom DBV, Ortsgruppe Wedel, Arbeitseinsätze organisiert, um die hohe Vegetation zu mähen und zu steile Uferpartien weiter abzuflachen. Zwei Inseln werden für Vergleichsbeobachtungen unberührt gelassen. Sie haben sich inzwischen zu Gebüschzonen entwickelt und werden von Wasservögeln und Limikolen gemieden. Die Vegetation auf den kurzgehaltenen Flächen ist artenreich und – wie sich zeigte – zur Brutzeit niedrig genug, um von den Bodenbrütern besiedelt zu werden.

Brandgänse brüten heute in dem künstlichen Lebensraum am Kleiteich. Ihre Nahrung holen Sie jedoch nach wie vor aus dem Süßwasserwatt.

Ornithologische Beobachtungen werden nicht nur in der Vogelschutzzone durchgeführt, sondern im Gesamtgebiet der Marsch. Einer der eifrigsten Beobachter war der leider 1973 verstorbene Hermann Kroll. Besonders in den 50er und 60er Jahren hat er auf unzähligen vogelkundlichen Führungen seine umfassenden Kenntnisse an jüngere Beobachter weitergegeben und auf die Probleme des Vogelschutzes aufmerksam gemacht. Auf seinen Namen wurde die naturkundliche Beobachtungs- und Informationsstation getauft, als sie am 31. August 1984 feierlich eingeweiht wurde. Zahlreiche Persönlichkeiten aus Politik, Naturschutz und Verwaltung waren bei der Eröffnung anwesend. Viele von ihnen hatten auf ihre Weise an der Entwicklung dieses Projektes mitgewirkt. Ob hemmend oder fördernd – bei den Festreden wurde Lob und Dank gleichmäßig verteilt.

In der Nähe des Haseldorfer Gutsparks befindet sich die größte Graureiher-Kolonie in weitem Umkreis von Hamburg.

Vögel als Bio-Indikatoren: Langbeine geben Alarmzeichen

Die auffälligsten Vogelgestalten der Haseldorfer/Wedeler Marsch und damit die Charakterarten dieser Landschaft sind Weißstorch und Graureiher. Wie die langjährige, genaue Naturbeobachtung von Gerhard Schweigardt ergab, eignen sie sich gleichzeitig als vorzügliche Bioindikatoren, da die Trends ihrer Bestände Aufschluß geben über den Zustand ihrer Umwelt. Obwohl beide Arten im gleichen Gebiet leben, kommen sie sehr unterschiedlich mit den Veränderungen des Lebensraumes zurecht.

Die Situation des Weißstorches kann man leider nur als katastrophal bezeichnen. Es ist zu befürchten, daß dieser schöne Schreitvogel, um den sich so viele Geschichten ranken, in den nächsten 20 Jahren in der Bundesrepublik ausgestorben sein wird. In der Schweiz, Holland und Schweden gibt es bereits keine Brutnachweise mehr. Sein Nahrungsraum, die Wiese, ist so stark von landwirtschaftlichen Maßnahmen beeinträchtigt, daß er nicht mehr genügend Nahrung vorfindet. Der bunte Blumenteppich der Feuchtwiesen war für ihn ein reichgedeckter Tisch. Die überdüngte Einheitswiese mit dem monotonen Gelb des Löwenzahns ist für Meister Adebar ein Hungertuch.

Durch das Ausbleiben der Überschwemmungen und starke Grundwasserentnahme ist die Marsch trockener geworden und der Lebensraum der Frösche eingeengt. Chemische Mittel und künstliche Düngung haben den Artenschwund der Insektenwelt beschleunigt und damit das Nahrungsangebot weiter verkleinert. Kurz gesagt: Die intensive Nutzung der Landschaft hat dem Storch weitestgehend die Nahrungsgrundlage entzogen.

Zur Hauptursache, Nahrungsmangel, kommen weitere Faktoren, die das Überleben dieser Art erschweren. Die Verdrahtung der Landschaft trägt in zunehmendem Maße zum Rückgang der Störche bei. Besonders unerfahrene Jungstörche fliegen bei ungünstigen Sichtverhältnissen in großer Zahl gegen die Hochspannungsleitungen und fallen mit gebrochenem Genick oder gebrochenen Flügeln zu Boden. Da sich die Tiere gerne auf hohe Leitungsmasten zur Ruhe niederlassen, wird auch der Stromtod immer häufiger. Durch Kotstrahl kann es dabei zu einem tödlichen Kurzschluß kommen oder zum Stromschlag im Mastbereich. Auch die Storchenfeindlichkeit in der ländlichen Bevölkerung nimmt zu. Immer mehr Horste werden entfernt, da der Kot, den Jungstörche über den Nestrand abgeben, Frau Saubermann stört oder eine Beeinträchtigung des Daches bei Sturm befürchtet wird. Neben den schlechter werdenden Bedingungen im Brutgebiet wachsen auch die Gefahren auf dem Zuge. Die chemische Düngung beeinträchtigt heute weltweit die Nahrungsgrundlage der Störche in landwirtschaftlich genutzten Gebieten, die sie als Kulturfolger bevorzugt aufsuchen. Ruhige, nahrungsreiche Rastgebiete sind auf dem kräftezehrenden Flug bis ins südliche Afrika jedoch lebensnotwendig. Leider mehren sich die Meldungen über direkte

Die Bestände der Störche sind bei uns stark gefährdet; das Aussterben der Art scheint unaufhaltsam.

menschliche Verfolgungen in den Durchzugsländern ebenfalls.

Die Fülle dieser ungünstigen Faktoren hat dazu geführt, daß der Brutbestand der Störche bei uns rapide abgenommen hat. Am Rande der Marsch, meist auf den strohgedeckten Häusern gleich hinter dem Deich, haben bis in die 40er Jahre in den Ortschaften Haseldorf, Wedel, Holm, Hetlingen und Hohenhorst etwa 40 Storchenpaare gebrütet. 1984 brüteten in diesem Raum nur noch zwei Paare, wobei eines der Nester auch noch aufgegeben wurde, nachdem ein Partner verunglückt war. Ganze zwei Jungstörche flogen aus, nicht genug, die Art zu erhalten. Leider sah es in der Nachbarschaft nicht besser aus. In Hamburg sank der Brutbestand von 51 Paaren im Jahre 1947 auf 6 Paare im Jahre 1983. Im storchenreichen Bundesland Schleswig-Holstein ging der Bestand von 2670 Paaren im Jahre 1907 auf 659 Paare im Jahre 1967 zurück. Im Jahre 1984 sank die Brutpaarzahl gar unter 300. Noch extremer ist der Bestandsrückgang im Nordwesten Deutschlands. Er fiel von ca. 8000 Paaren um die Jahrhundertwende auf 298 Paare im Jahre 1984. Diese erschrekkende Bilanz ist ein Spiegelbild für den Zustand unserer Umwelt. Sie sollte uns Mahnung sein und Aufruf zugleich, die weitere Verarmung unserer Heimat nicht tatenlos hinzunehmen.

Im Gegensatz zum Schreitvogel Weißstorch ist der andere Großvogel der Haseldorfer-Wedeler Marsch im Aufwärtstrend: Der Bestand der Graureiher hat in letzter Zeit sogar deutlich zugenommen.

Wie kann man sich diesen scheinbaren Widerspruch erklären? Beide haben lange Beine, lange Schnäbel, und suchen im gleichen Gebiet ihre Nahrung. Der eine ist vom Aussterben bedroht, der andere hingegen vermehrt sich kräftig. Die Erklärung liegt in der unterschiedlichen Lebensweise und insbesondere in der Art des Nahrungserwerbs: Im Gegensatz zu Meister Adebar, der nur ausnahmsweise mal einen Fisch fängt, sonst aber schreitend die Wiesen nach Fröschen, Insekten und Mäusen absucht, erbeutet der graue Ritter seine Nahrung als Ansitzjäger überwiegend im Wasser. Wie bereits an anderer Stelle erwähnt, hat der Fischbestand durch die zunehmende Verunreinigung der Gewässer zwar an Qualität, nicht aber an Quantität eingebüßt. Für den Reiher herrscht also kein Nahrungsmangel. Im Gegenteil, durch immer mehr Fischzuchtbetriebe wurde die Nahrungsgrundlage im mitteleuropäischen Raum immer optimaler. Das künstliche Schlaraffenland birgt zugleich eine wachsende Gefahr: Die Graureiher mindern den wirtschaftlichen Ertrag der Teichwirte, und diese sinnen auf Rache und überlegen, wie sie die lästige Konkurrenz wieder loswerden. Nachdem alle möglichen Maßnahmen wie Vogelscheuchen, Stolperdrähte, Abspann-Netze oder Schreckschüsse nicht den erhofften Erfolg gebracht haben, wurde der Ruf nach Abschuß immer lauter. Da Politiker ökonomischen Interessen meist eher aufgeschlossen sind als ökologischen, wurde der Abschuß in einigen Bundesländern unter bestimmten Auflagen wieder erlaubt. Auch an den Fischzuchtgebieten Schleswig-Holsteins dürfen pro Jahr wieder 6 Reiher erlegt werden. Eine Kontrolle der Zahl der Abschüsse ist jedoch kaum möglich.

Zum Glück für die Reiher unseres Gebietes gibt es zwar einige Angelteiche, Fischzuchtbetriebe fehlen jedoch. Der Konflikt zwischen Freibeuter und Berufsfischer findet hier nicht statt. Da in der Elbe, den Kleiteichen und Gräben dennoch reichlich Fische vorhanden sind, hat sich die Haseldorfer-Wedeler Marsch zu einem ungestörten Reiherparadies entwickelt.

Die erste Ansiedlung erfolgte in den 50er Jahren und steht wahrscheinlich in Verbindung mit der Zerstörung der großen Kolonie im Meyers Park (Harburger Berge). Die ersten Reiherhorste entstanden 1954 im Gutspark Haseldorf. Doch bald wechselten sie in den lockeren Eichen-Pappelbestand 200 m östlich des zu unruhigen Parkgeländes über. Diese Kolonie entwickelt sich ständig. Besonders seit 1980, als bereits 113 Brutpaare gezählt wurden, wuchs die Zahl stark an und erreichte im Jahre 1983 bereits eine Größe von 198 Paaren. Es ist zu hoffen, daß dem Graureiher, der andernorts schon wieder verfolgt wird, hier auf Dauer ein ungestörtes Heimatrecht erhalten bleibt. Die Kolonie bedarf des Schutzes, einer Naturschutzverordnung, damit sich die Population dieses Raumes ohne Gefahren entwickeln kann und uns wenigstens einer der Großvögel erhalten bleibt.

Der Graureiherbestand hat sich in der letzten Zeit im Gegensatz zum Weißstorch gut erholt.

Wasserfrosch zur Paarungszeit.

Ausblick

Die aus der Sicht der Natur negative Entwicklung in dem einstigen Feuchtgebiet Haseldorfer-Wedeler Marsch hält weiter an. Daran hat auch die Unterschutzstellung von Teilbereichen nichts geändert.

Der von Herms geforderte und zunächst vom Amt für Land- und Wasserwirtschaft Itzehoe in Aussicht gestellte Überstau von Wiesenflächen durch Ausnutzung von Windtiden im Binnenpolder der Haseldorfer Elbe konnte nach Aussage des Leiters des ALW nicht realisiert werden. Somit ist eine wichtige Forderung nicht erfüllt worden. Der aufwendige Bau eines Randgrabens und des Binnenpolders erfüllt nicht, wie vorgesehen, Naturschutzbelange, sondern in erster Linie die Wünsche der Landwirtschaft. Seit Jahren werden die günstigsten Einstauhöhen am Entwässerungssiel erprobt. Für die Belange der Natur wurden diese schon im Herms-Gutachten formuliert. Die

Erprobung dient offensichtlich ausschließlich den Nutzern. Auch der weitere Ausbau von Entwässerungsgräben vor dem Wedeler Geesthang durch den Abwasserzweckverband Wedeler Marsch kommt sicher nicht den Interessen des Naturschutzes entgegen. In den letzten drei Jahren ist der Limikolenbestand durch diese Maßnahmen fast auf Null gebracht worden, und auch die natürliche Vegetation in diesem Bereich wurde nachhaltig gestört.

Obgleich die schleichende Zerstörung des Gesamt-Ökosystems munter voranschreitet, hört man seit kurzem aus Kiel, daß weitere Naturschutzgebiete ausgewiesen werden sollen. Der schleswig-holsteinische Minister für Ernährung, Landwirtschaft und Forsten hatte sich bislang erfolgreich geweigert, weitere Gebiete unter Schutz zu stellen. Nachdem nun aber sogar der Agrar- und Umweltausschuß diese Forderung erhoben hat, ist sein Widerstand gebrochen. Vorbereitungen für das Rechtsetzungsverfahren sind – so hört man aus Kiel – für die Eschschallen sowie für Teile des Pagensandes und der Wedeler Marsch in Vorbereitung. Die Forderung des DBV Hamburg vom 1. 6. 1976 nach einem Naturschutzgebiet Pinneberger Elbmarschen könnte nun doch noch Wirklichkeit werden. Eigentlich müßten die Naturschutzorganisationen jetzt einen Grund zum Jubeln haben, doch ihre Begeisterung ist sehr verhalten. Nach den bisherigen Erfahrungen – so fürchten sie – wird wohl wieder ein Naturschutzgebiet entstehen, das diese Bezeichnung gar nicht verdient. Im bestehenden Schutzgebiet wird weiter gejagt und weiter geangelt, der Besucherstrom wird eher größer, und vor allem die Landwirte arbeiten ungehindert in, wie auch außerhalb der Schutzzone. Nach § 5 der bestehenden Naturschutzverordnung bleibt die ordnungsgemäße land- und forstwirtschaftliche Bodennutzung, wie sie bei Inkrafttreten der Verordnung vorlag, von allen Verboten unberührt. Somit fällt es schwer, einen Unterschied zwischen dem bestehenden Naturschutzgebiet Haseldorfer Binnenelbe mit Elbvorland vom 12. 4. 1984 und den nicht geschützten Flächen auszumachen. Der höhere Rang der Vordeichsgebiete beruht nicht auf dem Text der Verordnung, sondern auf dem Regiment des Elbstromes.

Da fragt man sich, warum nicht gleich der Gesamtraum zu einem Pseudo-Naturschutzgebiet erklärt wurde, das keinem Naturnutzer wehtut und dessen einziger Wert wohl in der Naturschutzstatistik zu suchen ist. Wahrscheinlich liegt es daran, daß die treuen Wähler, die Landwirte, bei dem Wort Naturschutz immer noch ein starkes Unbehagen überkommt. Ihre Vorstellungen vom Schutz der Natur ist viel ehrlicher als die der meisten Politiker, denn sie merken ja zuallererst, wie sich ihre intensivere Wirtschaftsform unter Einsatz von chemischen Mitteln auswirkt. Sie wissen auch, daß nur eine Einschränkung ihrer Wirtschaftsweise der Natur Heilung bringen kann. Ihre wirtschaftliche – von der EG bestimmte – Situation diktiert ihnen jedoch eher eine noch weitere Intensivierung. Bei dem Versuch der Politiker, es allen recht zu machen, wird meist ein fauler Kompromiß gefunden, der niemanden so recht befriedigt, für den Großteil der heimischen Fauna und Flora jedoch tödlich ist.

»Grün ist in«, seit es sogar in der Politik die Grünen gibt, und jede Partei möchte den Anschein erwecken, die grünste zu sein. Zur Aufpolierung der Naturschutzstatistik ist jede Täuschung recht; denn bei Sonntagsreden macht es sich immer gut, auf Schutzverordnungen hinzuweisen, die de facto gar keine sind. Das Schlagwort »Grün« verkommt mehr und mehr zu einem Außenanstrich, die Inhalte bleiben auf der Strecke. »Grün ist Leben« verheißen Werbeschilder am Rande der Marsch, die für Baumschulen Reklame machen sollen. Gerade dieser Berufszweig bekämpft die grüne Krautschicht und damit das Leben in besonderem Maße. Herbizide befreien den Boden zwischen den Baumstielen so nachhaltig von der natürlichen Vegetation, daß dort Regenpfeifer brüten, die sonst nur auf nacktem Sand nisten.

Wir brauchen keine grünen Schlagworte und keine grüne Kosmetik, sondern einschneidende Taten, wenn wir Naturschutz wirklich ernst nehmen. Wir brauchen keine Hochglanzbroschüren, die dem Bürger heile Welt vorgaukeln, sondern Extensivierungsprogramme für Grünlandgebiete, in denen dem Naturschutz Vorrang eingeräumt werden muß. Was nützt eine Naturschutzverordnung, wenn sie am Ende durch eine Landwirtschaftsklausel wieder aufgehoben wird oder wenn kein Personal zur Verfügunmg steht, Vorschriften auch zu überwachen? Was nützt eine Unterschutzstellung von Landschaften, in denen vorher alles Schützenswerte totgedüngt, totgespritzt oder flurwegbereinigt wird? Wenn man den biologischen Wert der Haseldorfer-Wedeler Marsch wieder aktivieren will, wird man ohne gravierende Einschränkungen der Nutzung nicht auskommen.

Ansätze für ein solches Konzept sind

bereits vorhanden. Im Raume Stapelholm (Treene-Niederung) laufen Versuche mit einer Extensivierungsförderung zum Schutze der Wiesenvögel. Die Landesregierung in Schleswig-Holstein zahlt den Landwirten Entschädigungen für Mindererträge, die durch die Bewirtschaftungsbeschränkungen entstanden sind. Den Bauern darf durch die Auflagen des Naturschutzes kein finanzieller Nachteil entstehen. Auf Flächen, die der öffentlichen Hand gehören, muß versucht werden, durch Pachtermäßigungen entsprechende Ziele zu erreichen. Naturschutz ist ein Anliegen unserer Gesellschaft und muß auch von ihr getragen werden. Bei dem politischen Stellenwert, den der Naturschutz zur Zeit genießt, sind allerdings Zweifel berechtigt, ob es gelingen wird, die Restnatur ausreichend zu erhalten.

Ziel muß sein, die Landbewirtschaftung und die Belange des Naturschutzes aufeinander abzustimmen. Vor der Eindeichung war das Wirken der Marschbauern auch für die Natur segensreich. Es hat ganz wesentlich dazu beigetragen, daß dieses bedeutende Feuchtgebiet entstand. Erst als ihnen durch die allgemeine Entwicklung eine intensivere Bewirtschaftung aufgezwungen wurde, kehrte sich ihr Wirken zum Nachteil für die Tier- und Pflanzenwelt. Das Wiesenbrüterprogramm der Landesregierung bietet für einen ehrlichen Naturschutz eine ideale Grundlage. Auf dem Weg zu einem echten Naturschutzgebiet gilt es, noch weitere Hindernisse auszuräumen.

Die ökologischen Auswirkungen der Grundwasserentnahme durch die Horizontal-Flachwasserbrunnen der Hamburger Wasserwerke sind bereits geschildert. Was eine vorübergehende Abschaltung des Flachwasserbrunnens bei Fährmannssand infolge von Reparaturarbeiten bewirken kann, hat sich im Winter 1983/84 gezeigt: Im Februar und März 1984 standen Wiesenbereiche unterhalb des Wedeler Geesthanges wie in alten Zeiten, als die Elbe noch für Überschwemmungen sorgte, unter Wasser, und sogleich stellten sich auch die Vögel wieder ein, um dieses günstige Nahrungsangebot zu nutzen. Zahlreiche Wintergäste wie Enten und Limikolen suchten in der Flutrasenzone nach Nahrung, und sogar bis zu 120 Zwergschwäne kamen hinter den Deich, um in der Überschwemmungszone wie früher zu äsen.

Da der Wert dieser früher prägenden Standortfaktoren bekannt ist, wäre zu prüfen, ob diese zufällige Überschwemmung von Wiesenbereichen nicht regelmäßig in der Ruheperiode der Pflanzen durch ein Abschalten von Brunnen zu erreichen ist. So könnte ein teilweiser Ersatz für den technisch nicht durchführbaren Windtideneinstau im Binnenpolder der Haseldorfer Binnenelbe geschaffen werden. Da die Hamburger Wasserwerke die Brunnen sowieso zur Hauptsache für sommerliche Spitzenverbrauche benötigt, wäre ihnen durchaus zuzumuten, die Flachwasserbrunnen von Oktober bis März abzuschalten, um so der Vogelwelt auch wieder binnendeichs liegende Feuchtzonen zu schaffen und eine Regeneration des Grundwasserstandes zu ermöglichen. Diesen Beitrag zum Naturschutz sollte man gerade von den Hamburger Wasserwerken auch deshalb erwarten können, weil sie ein Nutznießer einer echten Naturschutzlösung wären. Eine Reduzierung des Gifteintrages und eine Verminderung der Düngung durch landwirtschaftliche Bewirtschaftung würde den Interessen des Wasserschutzes sehr entgegenkommen. Da in diesem Punkt eine Interessengleichheit besteht, sollte auch überlegt werden, ob man das Gesamteigentum der Hamburger Wasserwerke in diesem Gebiet sowie die Brunnenschutzzonen in das künftige Naturschutzgebiet einbezieht. Auf den eigenen Flächen haben die Hamburger Wasserwerke ohnehin die Möglichkeit, durch entsprechende Pachtverträge die Interessen des Natur- und Wasserschutzes festzuschreiben. Negative Auswirkungen – insbesondere für die bedrohten Wiesenbrüter – haben auch ehemalige Bandholzkulturen sowie Pappel- und Fichtenanpflanzungen. Diese sollten im Gesamtraum zugunsten von Grünland zurückgedrängt werden. Nur im Bereich des Pastorenbergs sollte die Waldbildung durch standortgerechte Bepflanzung gefördert werden.

Wenn das künftige Naturschutzgebiet seiner Bezeichnung gerecht werden soll, ist außerdem unabdingbar, daß der Angelsport aus den empfindlichen Bereichen verbannt wird und die Jagd im Elbuferbereich, besonders aber an den Kleientnahmestellen und dem bedeutenden Fährmannssander Süßwasserwatt gänzlich unterbleibt. Diese Zone bildet nach wie vor den ökologisch bedeutendsten Kernbereich der Region, der den Status »Feuchtgebiet von internationaler Bedeutung« verdient. Sollte das Hobby einer Handvoll Elbjäger höher bewertet werden als der Schutz dieses international bedeutenden Rast- und Nahrungsraumes für Vögel, weiß man, wie ernst dem Gesetzgeber der Naturschutz ist.

Aus den künftigen Verordnungstexten wird man ablesen können, ob die Landesregierung den Schutz des Öko-

systems Marsch im Auge hatte oder lediglich einen Pseudoschutz, um die »Leiche zu schminken« und beim Bürger den Eindruck zu erwecken, für die Belange der Natur einzutreten.

Das Priel-System der Haseldorfer Binnenelbe ist binnendeichs zu einem Stillgewässer geworden.

Der Roland, das Wahrzeichen Wedels, auf dem Markplatz der Stadt

Wanderung von Wedel nach Haseldorf

Etwa 15 Kilometer
Wanderkarte 1 : 25 000
Klövensteen – Holmer Sandberge – Haseldorfer Marsch
herausgegeben vom Kreis Pinneberg.
Vertrieb Fa. Dr. Goetze, Hamburg, im Buchhandel erhältlich.

Der ideale Ausgangspunkt für eine Wanderung durch die Haseldorfer-Wedeler Marsch ist der gerade völlig umgebaute und mit einem Ladenzentrum versehene S-Bahnhof Wedel. Schon aus dem Zug heraus blickt man ins Autal und auf den Mühlenteich, der fast immer von Enten und Schwänen bevölkert ist. Gehen wir, aus dem Bahnhof kommend, die Mühlenstraße entlang, sehen wir dem Stauteich gegenüber die Alte Wassermühle liegen. Schon 1314 wurde sie urkundlich erwähnt, doch handelte es sich zunächst um einen Fachwerkbau. Das jetzige Gemäuer wurde später errichtet und hat so manche Sturmflut und sogar den großen Brand von 1731 überlebt. Bei den schweren Sturmfluten 1962 und 1976 wurde die Mühle, die noch bis 1957 mit Wasserkraft betrieben wurde, stark beschädigt, 1985 jedoch total überholt. Die Außenfassade blieb unverändert, das Innere wurde gänzlich neu gestaltet und beherbergt heute das im alten Stil gehaltene, für gehobene Ansprüche gestaltete Restaurant »Wedeler Wassermühle«. Nach hinten heraus oder von der kleinen Kaffeeterrasse aus hat man einen schönen Blick auf die hier tief in die Geest eingeschnittene Wedeler Au.

Auch im nächsten Gebäude befindet sich heute eine sehr gemütliche Gaststätte. Das ehemalige Brauhaus aus dem Jahre 1731 mit der sehr schönen klassizistischen Haustür wurde unter Erhaltung der alten Bauelemente 1982 renoviert und sehr rustikal eingerichtet. Schließlich ist noch auf das letzte Haus auf der anderen Straßenseite hinzuweisen. In diesem zweigeschossigen Traufenhaus aus der Mitte des 19. Jahrhunderts ist der berühmteste Sohn Wedels, der Bildhauer und Schriftsteller Ernst Barlach, geboren. Zur Zeit wird dieses alte Gebäude überholt. Etwa gegen Ende 1986 soll es als Barlach-Museum der Öffentlichkeit übergeben werden.

Die Mühlenstraße mündet hier geradewegs in den Marktplatz, auf dem das Wahrzeichen Wedels, der Roland, steht. Er ist ein Zeichen früherer Marktgerechtsame und Gerichtsbarkeit. Alten Urkunden zufolge stand in Wedel schon 1465 eine Rolandfigur, die jedoch im Dreißigjährigen Krieg zerstört wurde. Der heutige Roland, ein Abbild Kaiser Karls des Großen, wurde im Jahre 1651 an diesem Platz errichtet. Er erinnert an die einstige Bedeutung Wedels, die in seiner Lage begründet war. Hier trafen sich die alten Heerstraßen oder Ochsenwege, die von Dänemark südwärts führten. Der eine kam über Itzehoe, der andere über Bramstedt. Bei Wedel lag eine Furt, durch die man bei Ebbe das Vieh über die Elbe treiben konnte. Über diese wichtige Übergangsstelle führten die Wege weiter ins südelbische Land hinein. Im Zusammenhang mit diesen Ochsenwegen entwickelten sich seit dem 15. Jahrhundert die berühmten Ochsenmärkte, deren Tradition bis heute fortlebt.

Bevor wir weitergehen, werfen wir noch einen Blick auf die »Roland-Weinstube«, ein eingeschossiges Giebelhaus mit Mansarddach aus der zweiten Hälfte des 18. Jahrhunderts, und auf die danebenliegende Bäckerei-Konditorei. Dieses zweigeschossige, spätklassizistische Traufenhaus mit Walmdach stammt aus der Mitte des 19. Jahrhunderts.

Nun wenden wir uns endgültig der Marsch zu, die bereits im Süden zu sehen ist. Wir gehen auf der Austraße sozusagen den Geesthang hinunter und gelangen wieder an die Wedeler Au, die einst an dieser Stelle den Wedeler Hafen beherbergte. Oben am Mühlenteich ist uns dieses aus der Sülldorfer Feldmark kommende Flüßchen schon einmal begegnet, doch hier hat es einen völlig anderen Charakter. Oberhalb des Mühlendammes hat es einen nahezu gleichmäßigen Wasserstand, hier unten in der Marsch jedoch unterliegt es dem Tideeinfluß der Elbe. Je nach Tidestand finden wir die Wedeler Au einmal gefüllt, ein anderes Mal fast trokkengefallen. Das Sperrwerk an der Mündung in die Elbe wird nur bei Sturmfluten geschlossen. Vor dem Fluß biegen wir rechts in den Brookdamm ein und sehen sogleich linkerhand das Restaurant- und Theaterschiff »Batavia« liegen, in dem abends häufig auch Musikveranstaltungen stattfinden. Zum Einkehren ist es noch zu früh, darum lenken wir unsere Schritte in Richtung Elbe. Die weite, offene Marsch liegt bereits vor uns, und wir folgen dem Lauf der Wedeler Au auf dem schmalen Asphaltweg, der nur für landwirtschaftliche Nutzung zugelassen ist. Den besseren Blick hat man vom ehemaligen Sommerdeich aus,

MELCHIOR LORICHS
FLENSBVRGENSIS HOLSA
TVS ANTIQVITATIS STVDI
OSISSIMI FACIEBAT ANNO
CHRISTI M·D·LXVIII·CA
LEND: MARTI

Die Hamburger Elbkarte aus dem Jahre 1568, gezeichnet von Peter Lorich; der Ausschnitt zeigt die Lage der Hatzburg.

Der Yachthafen Wedel

doch geht es sich auf seiner Kuppe recht unbequem. Sehr bald biegen der Deich und auch die Straße scharf rechts herum, der Deich allerdings nur ca. 50 Meter, dann folgt er wieder dem Lauf der Wedeler Au. Wir wollen ihm nur mit den Blicken folgen, denn in dieser Richtung sehen wir erstmals in der Ferne den neuen Seedeich liegen und dahinter die riesigen Hallen des Wedeler Yachthafens, des größten Sportboothafens Europas.

Unser Asphaltweg führt nun entlang an Obstbaumkulturen, rechterhand jedoch haben wir einen weiten Blick über die grünen Marschwiesen zum Geesthang. Dort hinten, eben unterhalb der Geest, lag einst die berühmte Hatzburg, die jedoch im Dreißigjährigen Krieg durch Tilly zerstört wurde und deren Trümmer später in Wedel anderweitige Verwendung fanden. Erbaut wurde sie im Jahre 1311 als Streitburg der Schauenburger. Auf einer Karte von Melchior Lorichs aus dem Jahre 1568 wurde sie bildlich dargestellt. Danach war es eine wehrhafte Festung mit sechs Türmen um einen Innenhof gebaut, an den sich ein großer Kuppelbau anschloß. Man fragt sich heute: »Warum wurde die Burg in der flutgefährdeten Marsch und nicht oben auf der Geestkante errichtet?«

Die Antwort ist einfach: Die Burgen der damaligen Zeit waren meist Wasserburgen, deren Hauptschutz aus breiten Gräben bestand. Außerdem lag der Meeresspiegel damals weit unter dem heutigen Pegel, und die Elbmarschen waren so gut wie nicht eingedeicht, so daß so weit im Binnenland kaum eine Überflutungsgefahr bestand. Leider ist von dieser alten Wehranlage außer einigen Gründungspfählen heute nichts mehr zu sehen. Wer diese suchen will, muß rechts ein Stück der Straße folgen, die von Wedel kommend auf unseren Weg stößt und weiter zum Gehöft Fährmannssand führt. Auf der linken Seite, ca. 200 m vor dem Geesthang, lugen in einiger Entfernung kleine abgerundete Pfähle aus dem Weidegras hervor. Dies sind die einzigen sichtbaren Zeugen der alten Hatzburg.

Wir gehen geradeaus weiter, an dem Wasserschutzgebiet der Hamburger Wasserwerke entlang. Der Flachwasserbrunnen ist umgeben von einem Pappelgehölz und daher vom Weg aus kaum zu sehen. Das Gelände wird von einem breiten Graben umschlossen, der im Gegensatz zur Wedeler Au immer Hochwasser führt. Das Wasser wird aus der Wedeler Binnenelbe gepumpt und soll den Wasserstand um das Brunnenschutzgebiet herum auf einem für die Landwirtschaft günstigen Niveau halten. Hinter dem Wasserwerksgelände biegt der Weg links ab und führt nun in Richtung Elbe. Bevor wir den Seedeich erreichen, der uns noch den Blick auf den Strom mit seinen Schiffen verstellt, überqueren wir auf einer Brücke die Wedeler Binnenelbe. Dank des Sperrwerkes im Mündungsbereich unterliegt sie noch dem Tideeinfluß der Elbe und versorgt weite Grünlandbereiche in der Wedeler Marsch mit Wasser. Hinter der Brücke führt der Weg durch Wiesenbereiche, die in der ersten Maihälfte voller Schachblumen stehen. Darum empfiehlt sich eine Wanderung besonders zu dieser Zeit. Auch die Balz der Wiesenvögel ist im Frühjahr sehr eindrucksvoll. Die Rufe der Uferschnepfen und Rotschenkel sind nicht zu überhören, und das Lied der Lerchen begleitet den Wanderer durch die ganze Marsch.

Kurz vor dem Deich biegt der Weg

Auf den alten strohgedeckten Bauernhäusern findet man so manchen Storchenhorst, nur wenige sind jedoch noch besetzt.

Ein traditionsreiches Handwerk: Strohdachdecker bei der Arbeit.

rechts herum und führt geradewegs auf den Fährmannssand zu. Im Schatten einer Pappelallee nähern wir uns diesem auf einer Wurt gelegenen ehemaligen Fährhaus, in dem heute eine Gastwirtschaft zur Einkehr einlädt. Bei gutem Wetter sitzt man am besten im Kaffeegarten. Seitdem der neue Deich fertiggestellt ist, blickt man allerdings nicht mehr auf die Elbe, sondern gegen einen grünen Wall. Dieser 8 m hohe neue Seedeich ist von nun an unser Wanderweg und Ausguck zugleich. Von diesem gestreckten Feldherrnhügel haben wir einen weiten Blick in die Marsch und auf den Strom. Von der Deichkrone aus sehen wir links das berühmte Fährmannssander Elbwatt liegen, das größte Süßwasserwatt Europas und dahinter die Fahrrinne der Elbe mit dem regen Schiffsverkehr. Auf der anderen Seite liegt inmitten von Wiesen und Weiden eine buchtenreiche Wasserfläche mit vielen Inseln. Es handelt sich um eine Kleientnahmestelle, aus der man zur Abdeckung des Deiches den fetten Kleiboden gewonnen hat. Um diese Kleientnahmeflächen wurde einst kräftig gestritten, denn Wasserflächen bieten vielerlei Nutzungsmöglichkeiten. Zuerst sollte hier ein Wasserpark entstehen, um die Naherholungsbedürfnisse der Wedeler und Hamburger Bevölkerung zu befriedigen. Doch die ökologischen Schäden, die durch den Deichbau entstanden waren, und der Druck durch die Naturschutzverbände waren so groß, daß ausnahmsweise einmal der Naturschutz obsiegte. So wurden die Wasserflächen statt nach den Bedürfnissen der Menschen nach den Ansprüchen der Tier- und Pflanzenwelt gestaltet und als ökologische Ausgleichsfläche hergerichtet.

Heute wird diese Teichlandschaft

als Vogelschutzgebiet vom Deutschen Bund für Vogelschutz, Landesverband Hamburg, betreut. Es wurde eine Vogelschutzstation eingerichtet, die es Besuchern ermöglicht, Vögel aus der Nähe zu beobachten, ohne sie zu stören. Im Stationsgebäude, das man zwischen Sichtschutzwällen erreicht, wohnt der Vogelwärter, und eine Informationsschau gibt Auskunft über die biologische Bedeutung der Haseldorfer-Wedeler Marsch. Ab 9.00 Uhr ist die Station für Einzelbesucher geöffnet. Gruppen müssen sich vorher anmelden (Tel. 0 41 03/30 49). Der Besuch lohnt sich besonders zur Brutzeit, wo man aus einigen Beobachtungsständen heraus das Brutgeschäft verschiedener Wat- und Wasservögel in unmittelbarer Nähe erleben kann. Zur Zugzeit sind die Beobachtungsbedingungen besonders günstig, wenn bei auflaufendem Wasser in der Elbe der für die Vögel reich gedeckte Tisch im Fährmannssander Elbwatt überspült wird und Ausweichflächen aufgesucht werden müssen. Das Vogelschutzgebiet hat sich zu einem wichtigen Hochwasserrastplatz für Enten- und Schnepfenvögel entwickelt. Eine besondere Attraktion in diesem Gebiet sind die sehr auffälligen Säbelschnäbler mit den nach oben gebogenen Schnäbeln, die sich gleich nach Abschluß der Gestaltungsmaßnahmen als Brutvögel einstellten.

Der Vogelliebhaber kommt nicht nur im Vogelschutzgebiet auf seine Kosten. Besonders zahlreich sind die Vögel im Fährmannssander Watt. Hier muß man aber ein gutes Fernglas haben, das die kleinen Punkte in der Ferne in die verschiedenen Wat- und Wasservögel verwandelt. Zur Zugzeit sammeln sich hier große Vogelschwärme, um den Nahrungsüberfluß dieses seltenen Lebensraumes zu nutzen. Je weiter wir stromabwärts gehen, um so dichter werden die Simsenbestände, in denen die Vögel kaum noch zu entdecken sind.

Der Kaffeegarten auf der Hetlinger Schanze lädt bei gutem Wetter zur Einkehr ein.

Binnendeichs liegen zwei Gehöfte, die, wie alle Höfe in der Marsch, auf Wurten liegen. Bevor der Deich fertiggestellt wurde, verwandelten sich diese Wurten bei winterlichen Überschwemmungen häufig in kleine Inseln. Bei besonders schweren Sturmfluten floß das Wasser auch so manches Mal durch die gute Stube. Für die Bewohner dieser Höfe bedeutet der neue Deich mehr Sicherheit und bringt auch sonst so mancherlei Vorteile. Der erste Hof, gleich hinter dem Deich, ist der Giesensand, weiter hinten liegt die Idenburg inmitten von Wiesen, auf denen die größten Schachblumenbestände Schleswig-Holsteins zu finden sind. Beide Höfe sind eingerahmt von Bäumen. Leider sind in den Baumreihen, die uns an einem alten Feldweg zum Giesensand begleiten, schon deutliche Spuren des sauren Regens zu erkennen. Einige Bäume sind bereits kahl, andere zeigen schon mitten im Sommer eine Braunfärbung.

Wenn wir den Giesensand hinter uns haben, kommt das Klärwerk Hetlingen in Sicht, das auf einem künstlichen Spülfeld liegt. Zwischen dem Klärwerk und dem Deich wird das Spülfeld landwirtschaftlich genutzt, leider nicht als Grünland, sondern als Ackerland und Blumenkultur. Das Spülfeld hat auch vor dem Süßwasserwatt nicht Halt gemacht. Das Feuchtgebiet endet hier und wird von einer inzwischen eingegrünten Sandfläche abgelöst.

Das Klärwerk hat sich in letzter Zeit durch Geruchsbelästigung bei den Bewohnern von Hetlingen unbeliebt gemacht. Dieses typische Marschdorf liegt nur etwa 1 km entfernt hinter dem alten Hauptdeich. Die meist strohgedeckten Dächer des einstigen Bandreißerdorfes lugen über den Deich empor und sind auch von hier aus sichtbar. Hetlingen war einst das Zentrum für die Verarbeitung der Weidenschößlinge, die man in den sogenannten Bandholzkulturen, besonders in der Haseldorfer Marsch, erntete.

Die dickeren Weidenruten wurden entrindet und aufgespalten, um dann halbiert zu Faßreifen für Butterfässer verarbeitet zu werden. Aus den dünneren Trieben wurden Weidenkörbe geflochten. Diese alten Gewerbe sind heute fast zum Erliegen gekommen, und die nicht mehr genutzten Bandholzkulturen haben sich in wilde Weidendickichte verwandelt.

In dem Namen Hetlingen vermutet man das alte Hegelingen, von dem es in der Gudrunsage heißt: »In Hegelingen saß König Hetel, der Mächtige, ein Herr über mehr als 80 Burgen im eigenen Land.«

Wer diese alte Marschsiedlung besuchen will oder wem gar der Weg bis Haseldorf zu lang ist, kann von hier am Klärwerk entlang geradewegs ins Dorf gelangen und von dort zurück nach Wedel fahren. (Buslinie 7)

Wir aber wollen weiter elbabwärts gehen und stoßen bald auf einen kleinen Teich hinter dem Deich. Diese Wasserfläche ist das Überbleibsel einer ehemaligen Elbbucht, die vom Deich abgeschnitten wurde. Sie hat sich jetzt zu einem kleinen Binnensee entwickelt mit einer reichen Wasservegetation, in der zahlreiche Wasservögel brüten. In den letzten Jahren hat sich sogar der Zwergtaucher hier angesiedelt.

Vor uns liegt jetzt der hohe Mast der 380-kV-Hochspannungsleitung, die hier die Elbe überquert, und gleich dahinter ein kleiner Sportboothafen des Wassersportvereins Hetlingen. Binnendeichs sehen wir das Gehöft Hetlinger Schanze, auch Breckwoldt-Sand genannt. Es ist auf einer natürlichen Sandbank errichtet, die bereits im 17. Jahrhundert so hoch emporgewachsen war, daß der dänische König Christian V. im Jahre 1672 darauf eine Schanze anlegte. Diese Festungsanlage beherrschte mit ihren Kanonen eine Zeitlang das Fahrwasser der Elbe. Sie bekam aber nie eine größere Bedeutung und wurde im Jahre 1764 wieder aufgegeben. Der »Schanzenhof« gibt uns erneut Gelegenheit zur Einkehr. Die kleine Gaststätte bietet zwar keine warmen Gerichte, aber allerlei Getränke und Kleinigkeiten an. Besonders beliebt sind Kaffee und Kuchen im Kaffeegarten. Nachdem wir uns gestärkt haben, geht es weiter auf dem Deich entlang. Linkerhand verstellt uns eine Baumkulisse im Vorland den Blick auf die Elbe. Hinterm Deich weiden zahlreiche Kühe und Pferde. Auch die vierbeinigen Rasenmäher, die Schafe, die speziell zur Deichpflege eingesetzt sind, werden uns irgendwo auf der Wanderung begegnen. Wir kreuzen erneut eine 380-kV-Starkstromleitung und finden gleich dahinter, ausnahmsweise einmal außendeichs, eine Kleientnahmestelle. Dann überqueren wir den Weg, der von der Hetlinger Schanze kommend zum Julsand führt. Dies ist das letzte Gehöft , das sich noch im Außenbereich befindet und deshalb nach wie vor sturmflutgefährdet ist.

Das alte Handwerk der Bandreißer wird nur noch von wenigen Alteinwohnern Hetlingens beherrscht.

Dieser, von einer markanten Baumgruppe umkränzte, Marschbauernhof liegt auf dem sogenannten Twielenflether Sand, der größten auf schleswigholsteinischer Seite verbliebenen Vordeichsmarsch, einem für die Vogelwelt besonders wertvollen Lebensraum. Neben den vielen Brutvögeln kann man hier zur Zugzeit auch große Scharen von Gänsen und Schwänen beobachten. Da hier zum Weidevieh auch weiße Hausgänse gehören, muß man besonders gut achtgeben, um sie nicht mit den nordischen Zwergschwänen zu verwechseln, die regelmäßig auf dem Weg von Sibirien nach England in diesem Bereich Zwischenstation machen. Am Ufer des Twielenflether Sandes, wo das Dwarsloch in die Elbe mündet, steht ein kleines Leuchtfeuer. Dahinter, auf der anderen Elbseite bei Stade, türmt sich eine bedrohliche Industriekulisse auf, in der selbst ein Atomkraftwerk nicht fehlt. Der kleine, grüne Hügel davor ist eine Fluchtburg für das Vieh, das bei Sturmfluten nicht schnell genug geborgen werden kann. Auch hinter dem Deich liegen solche Hügel, die heute keine Funktion mehr haben. Zum Schutze der Tierwelt ist jedoch die Wasserfläche eingerichtet, die dort in den

grünen Wiesen liegt. Auch sie ist durch Kleientnahme entstanden und als ökologische Ausgleichsfläche hergerichtet. In den buchtenreichen Flachuferbereichen brüten zahlreiche Wasservögel, und auch die Grünlandzonen im Umland sind Zufluchtstätten für verschiedene Wiesenvogelarten.

Weiter stromab wird der Deich beiderseitig vom Wald eingefaßt. Dies ist der Bereich des ehemaligen Auwaldgebietes Pastorenberg. Außendeichs hat sich das Waldbild kaum verändert, hinter dem Deich jedoch fehlen heute die für einen Auwald typischen Überschwemmungen. Dies gilt auch für die Wasserarme, die links und rechts des Deiches sichtbar werden. Es handelt sich um die Haseldorfer Binnenelbe, die an dieser Stelle durch den Deich abgetrennt wurde. Zur Elbe hin sehen wir je nach Tide entweder ausgedehnte Wattflächen oder ein breites, reetgesäumtes Prilesystem, hinter dem Deich ein langgestrecktes Stillgewässer mit einem gleichmäßigen Wasserstand. Beide Seiten stehen heute unter Naturschutz, was aber offenbar den sich ausbreitenden Wassersport hier wie dort nicht behindert. Der Wasserstand im neuen Binnensee und im Grabennetz des Binnenpolders wird durch ein Sielbauwerk

Schwer- und Agrarindustrie in enger Nachbarschaft.

Strohgedeckte Häuser am Deich.

auf eine für die Landwirtschaft günstige Höhe eingestaut. Der Wasserstand im hinter dem Siel liegenden Randgraben, der zur Entwässerung des Altpolders dient, liegt meist über einen Meter tiefer. Dieser Entwässerungsgraben wird ein Stückchen weiter durch den Deich hindurchgeleitet. Von dem dafür notwendigen Sielbauwerk aus haben wir einen guten Blick auf den neuen Haseldorfer Hafen, in dem jetzt überwiegend Segelyachten liegen. Hinter dem Hafen treffen der alte und der neue Deich zusammen. Wir biegen kurz zuvor rechts ab und folgen der Straße, die nach Scholenfleth führt. Auf der rechten Seite liegt noch eine kleine Kleientnahmestelle, die von vornherein für die Belange der Naherholung bestimmt war.

Bevor wir nach Scholenfleth hineingelangen, kommen wir an den ehemaligen Hauptdeich. Er ist viel schmaler und niedriger als der neue Seedeich, aber als Wanderweg sehr geeignet. Wir gehen in Richtung Haseldorf, das nur etwa 1,5 km entfernt ist, und erfreuen uns jetzt an der alten Dorfkulisse und den Bauernhäusern, die sich an den Deich schmiegen. Vorbei an dem alten Haseldorfer Hafen und an einer alten Feldmühle, die heute als Wohnhaus genutzt wird, gelangen wir zum Haseldorfer Schloßpark. Wir bleiben noch eine Weile auf dem Deich und können kurz hinter seiner südlichen Spitze rechts in einer Eichenallee und in einem Pappelgehölz eine große Graureiherkolonie entdecken. Die riesigen Nester fallen besonders auf, wenn die Bäume unbe-

Herrenhaus und Schloßpark in Haseldorf.

Das alte Gesindehaus am Schloßgraben.

laubt sind. Das Treiben in dieser Brutkolonie kann man aber auch noch spät im Frühjahr beobachten. Es ist nicht erlaubt, näher heranzugehen, dies würde zwangsläufig die Flucht dieser großen Vögel zur Folge haben.

Am Ende des Schloßparkes verlassen wir den Deich, um uns den Sehenswürdigkeiten Haseldorfs zu widmen. Der Park mit seinen zahlreichen exotischen und heimischen Bäumen beherbergt eine ganz andere Vogelwelt, als wir sie in der Marsch erlebt haben. Der Weg führt uns entlang an einem breiten Wassergraben, der das ganze Gut umfaßt, zunächst zu einer aus Rohziegeln errichteten Kirche. Es handelt sich um den bedeutendsten spätromanischen Backsteinbau der Elbmarschen. Er wurde im zweiten Viertel des 13. Jahrhunderts errichtet und 1599 um eine Gruftkapelle erweitert. An ihrer Ostwand ist noch heute das berühmte Sandsteinepitaph aus dem gleichen Jahr gut erhalten zu bewundern. Durch das rundbögige Süderportal gelangt man in das geräumige Kirchenschiff, in dem als besondere Kostbarkeit ein Bronzetaufbecken aus dem Jahre 1455 zu sehen ist.

Nach dem Kirchenbesuch überqueren wir auf einer weißen Holzbrücke den breiten Rundgraben, der einstmals eine Wasserburg umschloß. Von dieser Wehranlage aus dem 12. Jahrhundert ist heute noch der Burgwall zu erkennen. Etwas westlich davon wurde später das Herrenhaus Haseldorf errichtet. Dieser schön gegliederte Backsteinbau wurde 1804 im Stil des dänischen Klassizismus gebaut. Leider ist er als Privatbesitz der Familie Schönaich-Carolath nicht zu besichtigen. Hier wohnte einst der Dichter Emil

Die spätromanische Backsteinkirche, das bedeutendste Kulturdenkmal dieser Region.

Die ehemalige Haseldorfer Feldmühle wird heute als Wohnhaus genutzt.

Prinz Schönaich-Carolath, der mit Rilke befreundet war, und auch der berühmte »Messias« von Klopstock soll zum Teil in diesem Anwesen entstanden sein.

Wir folgen ein Stück der auf das Herrenhaus gerichteten Allee und biegen den ersten Weg links ab. So stoßen wir genau auf die Haltestelle »Haseldorfer Schloß« der Buslinie 7, mit der wir wieder zurück nach Wedel fahren können. Leider verkehren die Busse nur selten. Zur Zeit um 18.20 Uhr und 19.16 Uhr werktags, 17.56 Uhr und 18.56 Uhr samstags und 15.56 Uhr und 18.56 Uhr an Sonn- und Feiertagen. Bei langen Wartezeiten ist Gelegenheit, schräg gegenüber der Haltestelle im »Haseldorfer Hof«, auch »Schinkenkrug« genannt, einzukehren, um sich nach dieser erlebnisreichen Wanderung zu stärken.

Der Vogelreichtum wird uns in den Außendeichsflächen erhalten bleiben – hier ein Kibitzschwarm.

Schwanenblume im Graben und Tintlinge am Deich – Symbole unterschiedlicher Lebensräume.

Die Reize der Haseldorfer und Wedeler Marschen entdecken lohnt sich zu jeder Jahreszeit: Ein Priel auf dem Twielenflether Sand im Winter und ein Singschwan im Süßwasserwatt.

Bildnachweis

Die Fotos auf den Seiten 9, 10, 11, 29, 55, 69, 74, 75 (rechts oben), 84 (unten), 85, 94 (oben), 96, 98, 100, 105 (rechts) sowie der Rückentitel wurden von Gerhard Schweigardt geliefert.

Das Bild auf Seite 101 (links) stammt von Horst Buchholz.

Die Abbildung auf Seite 43 wurde dem Buch »Flug über die Elbe«, Christians Verlag 1976, entnommen.

Die Abbildung auf Seite 52 wurde dem Buch Federau/Keller »Über Hamburg«, Christians Verlag 1974 entnommen und unter der Nummer 1313/74 vom Luftamt Hamburg freigegeben.

Karten – Landesvermessungsämter Schleswig-Holstein und Niedersachsen.

Seite 92 zeigt einen Ausschnitt der Lorichschen Elbkarte aus dem Staatsarchiv Hamburg.

Alle anderen Bilder stammen von Günther Helm.

Die erfolgreiche Reihe · Land hinterm Deich

Lernen Sie die Eigenheiten der norddeutschen Städte und Landstriche mit der Reihe Farbiges Norddeutschland – Land hinterm Deich kennen! Entdecken Sie die reetgedeckten Fachwerkhäuser des Alten Landes, die Obstgärten, Gewächshäuser und die spiegelnden Wasserflächen an den Kanälen der Marschlandschaften, die Krabbenkutter in den Fischereihäfen. Windmühlen, Dorfkirchen, Moore und saftig grüne Wiesen prägen das Bild der norddeutschen Landschaft. Die Bände über Hamburg und Bremen veranschaulichen das bunte Treiben der Städte: ihre Menschen, ihre Fassaden, Hafenbecken, Ereignisse bei Sommer und Winter, Tag oder Nacht.

Steinloch
Bützflether
Sand
Brunshausen -
E
reede
Hafen
Bruns-
hausen
Wöhrdener
Außendeich
Hörne
Melau
Bassenfleth
Wöhrden
Speersort
73
Ottenbeck

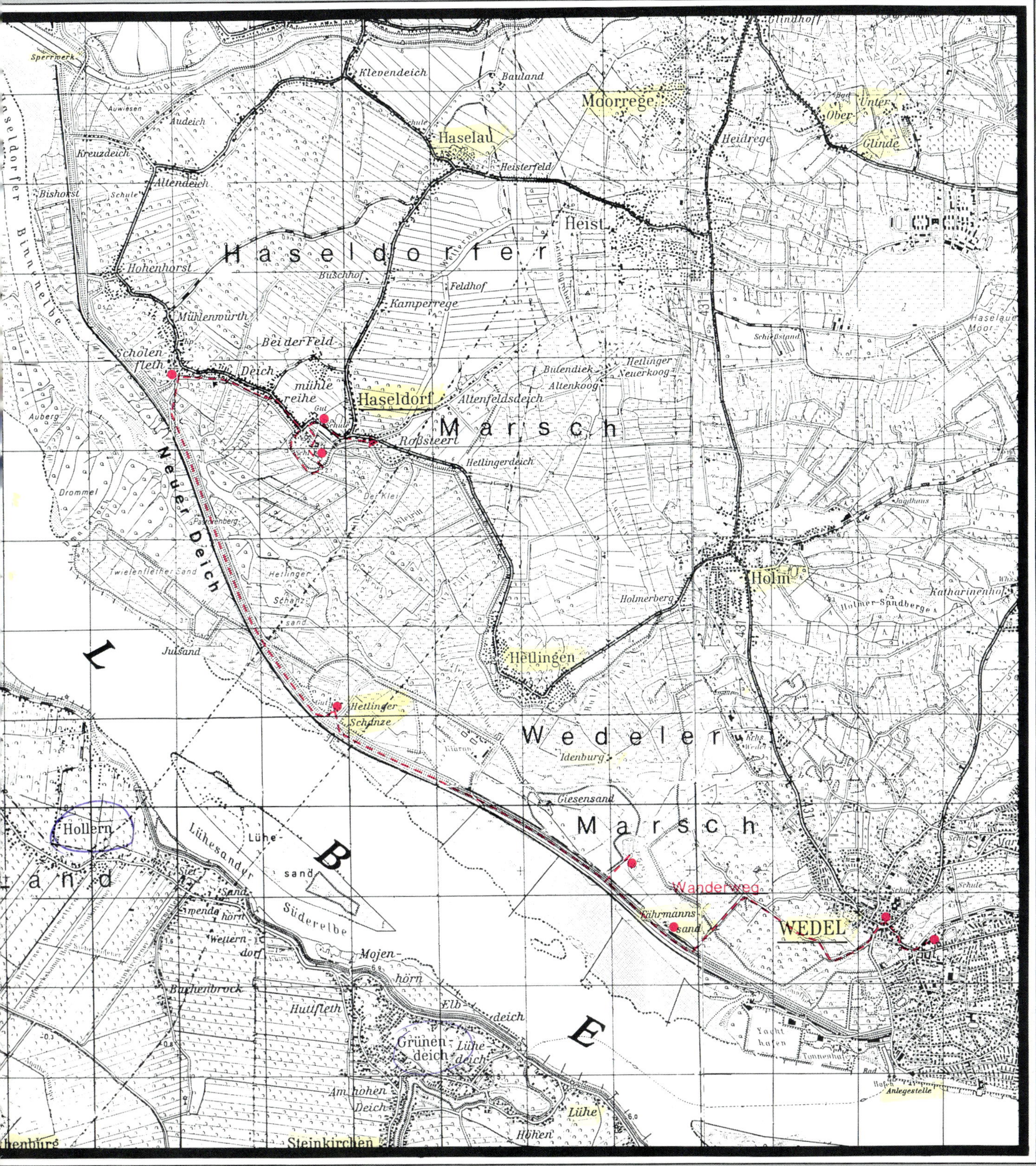
Sperrwerk
Klevendeich
Bauland
Moorrege
Unter
Ober
Glinde
Haselau
Heisterfeld
Heidrege
Auwiesen
Audeich
Kreuzdeich
Altendeich
Bishorst
Schule
Heist
Haseldorfer
Hohenhorst
Buschhof
Feldhof
Kamperrege
Mühlenwurth
Bei der Feld
Scholen fleth
Deich
mühle reihe
Haseldorf
Altenfeldsdeich
Bulendiek
Altenkoog
Hetlinger Neuerkoog
Schießstand
Haselauer Moor
Auberg
Marsch
Roßsteert
Hetlingerdeich
Neuer Deich
Drommel
Jagdhaus
Holm
Katharinenhof
Holmer Sandberge
Holmerberg
Twielenflether Sand
Hetlinger Schanz sand
Julsand
L
Hetlingen
Hetlinger Schanze
Wedeler
Idenburg
Giesensand
Hollern
Lühe
Lühesander
sand
B
Marsch
Wanderweg
Fährmanns sand
WEDEL
Süderelbe
Wettern dorf
Mojen hörn
Hutfleth
Elb deich
E
Grünen deich
Lühe deich
Am hohen Deich
Yacht hafen
Lühe
Anlegestelle
Steinkirchen
Höhen